悪いこと言わないから「起業」はやめておけ

株式会社ワークステーション 会長
中村真一郎

古川書房

はじめに

「悪いこと言わないから、起業はやめておけ」

この言葉こそ、私がこの本を手にとってくださった皆さんに一番伝えたいことである。

私は20歳の時に仲間とともに初めての起業を決意した。その後、会社をたたみ、4、5年会社勤めをしたが、1995年に再び起業してからはずっと経営者として仕事をしている。

振り返って見れば、長く会社経営をしてきた中で、良いことも悪いことも、楽しいことも辛いこともあった。そして、30年以上にわたって経営の現場に立ち続けてきた私の結論。

それが「起業はやめておけ」なのである。

巷は「起業ブーム」。

若者たちの中には学生の頃から起業を目指し、ベンチャーキャピタルから資金を引っ張ることも狙っている人もいる。中高年に目を向ければ、長年勤めてきた会社をやめて夢だった起業を目指す人が増えているようだ。

ブームに合わせて「起業本」や「起業塾」が世の中にあふれかえり、政府もそれを後押ししている雰囲気すら感じる。

だからこそ、私はくり返し言いたい。

「悪いこと言わないから、起業はやめておけ」と。

なぜ、私があなたの起業を止めるのか。

理由はいたってシンプル。起業をした人の8割、いや9割が失敗するからだ。

かく言う私も、20歳で仲間と起業をした際の会社は、1年弱でたたんでいるから、言ってみれば「失敗」している。

私はもともと、小学校の卒業文集に「将来はラリーストかレーサーになりたい」と書いていたほどのクルマ好き。その流れで、20歳の時に仲間と3人でクルマの塗装やコーティングを行う会社「有限会社クエスションサービス」を設立した。

ふざけた社名である。社名が全てではないが、「それは失敗するだろう……」と今振り返ってみれば思う。

1年弱でこの会社をたたむことになった理由は、資金不足と仲間との意見が合わなくなったこと。当時は私がローンを組んで、この会社の運転資金を入れていたので、私の手元に負債が残ってしまった。

そこで、次に就いた仕事が、運送業とご縁ができたきっかけである。

私が担当していたのは、要はドライバーのヘッドハンティング。同業他社のドライバーに声をかけて、転籍させるという仕事をしていた。
とはいえ、ドライバーの仕事内容がわからないとできないので、縦縞の制服を着てドライバーとして朝6時から夜中0時までハンドルを握っていたこともある。

その後、軽貨物の配送などを行い、その後上場した軽貨急配に移って支店長などを経験し、26歳の時に知り合いの会社の机を2席借りて、経営コンサルタントとして再び独立・起業した。

その後、初めて設立した物流商社が、15年後にグループで事業規模100億円を超える会社にまで成長。この会社で上場準備までしていたが、なんと直前前期になって共同代表と株主に裏切られて、創業者社長である私は解任の目に遭い、失脚してしまったのだ。

この話は後ほどもう少し詳しく書いていくが、私にとってこの裏切りは寝込むほど大きなショックであった。

ただ、この会社で手掛けていた事業は物流、商社、派遣会社、飲食店、車両販売、ファンド組成事業など多岐にわたっており、この時の経験は今に活きている。26歳の時に創業したのが現在の私の基盤事業であり、創業30年続いている物流会社である。

現在はほとんどの会社の社長職を降り、オーナーとして非上場会社12社、上場会社の経営参加として2社、合計すると14社の会社経営を見ている。

そして、毎月多くのM&A案件の相談に乗り、事業再生と利益のリターンが見込める会社のみM&Aをして支援し、成長を促すバリューアップ経営を推進している。

このように過去に何度も起業を経験し、数えきれないほど新規会社を設立している私が、皆さんの起業を止めるのは、不思議に感じられるかもしれない。

だが、30年以上にわたって経営の最前線で戦ってきて、なおかつ周りの経営者を見てきた私に言わせれば「給料をもらって暮らせるなら、それが何よりじゃないか」と思ってしまう。

今、巷の起業本や起業塾がどんなことを教えているかはわからない。ただ、私が皆さんに言えることは「世の中そんなに甘くない」ということだ。

私には身近な人に裏切られたり、危ない橋を渡ったりした経験があるが、同じ経験をした経営者も少なくないはず。経営者を目指すならば、それ相応の覚悟は絶対に必要だ。

どれだけ「世の中をよくしたい」「事業を通じて困った人を助けたい」という熱い想いがあったとしても、自分の食い扶持を稼げなければ生きていけない。

逆もまた真なりで、いくら金を稼げたとしても、そこに「理念」や「想い」「志」がなければ虚しくなる。長く経営を続けることはできず、去っていった起業家も何人か見てきた。

起業家が把握しておくべきことは、多岐にわたる。自分の本業について誰よりも詳しく、また誰よりも研究熱心であることは最低限必要だし、起業家こそ「金回り」についてしっかりと理解しておく必要がある。

仕事をとってくる「営業力」も起業家として必須のスキルだし、何より「コミュニケーション力」がなければ、顧客とも取引先ともいい関係を築くことができない。もしあなたが従業員であれば、何の問題もない。あなたにコミュニケーション力がなくても、同僚が補ってくれることもあるだろう。

しかし、起業家の場合、基本的には誰も助けてくれない。コミュニケーション力でいい関係を築いていかないと、仕事が回らず会社が立ち行かなくなる原因となる可能性すらある。

また、本業の分野で素晴らしい実力があり、経営者としての能力を持っていたとしても、起業して失敗する人もいる。

それはなぜか。

「運」に恵まれなかったからである。

「そんな、自分ではどうしようもないことを言われても……」と嘆く方もいるだろう。

しかし残念ながら、起業の世界には「これをすれば絶対に成功する」という保証などはない。

事業が軌道に乗っている経営者であっても、「いつ失敗するかわからない」と思っている。心が休まることはない。

だから、私は繰り返しお伝えする。

「起業はやめておけ」と。

とはいえ、長年経営者として仕事をし、また経営コンサルタントとしても活動をする中で、どうしても起業したい、経営者になりたいという想いを持った方が多いことも感じている。

そこで、本書は「本気で経営者を目指している方」に向けて、30年以上にわたって経営の最前線にいる私からのせめてものアドバイスのつもりで書いた。

だから、この本には「本音」しか書いていない。甘い言葉や、夢を見せてくれる内容をお望みの方は、どうぞここで本を閉じて、別の起業本を手にとることをおすすめする。

ここまで読んで、この本を閉じずに読み続けてくださった方には、心から感謝を申し上げたい。

そして、次のことをお約束する。

・「経営者のリアルな意見」を知れる

・本書では「経営者マインド」「独立する前にしておくべきこと」「起業したのち、経営者として持っておくべき考え方」をお伝えする

・「楽に成功する方法」や「簡単に金持ちになる方法」は書いていない。代わりに「どうしたら失敗を避けられる可能性が上がるか」の方法を紹介する

ここまで読んで「夢も希望もない本だ」と思われた方もいるだろう。私もその通りだと思う。

だが、経営の現場は「キレイゴト」だけでは済まされない。魑魅魍魎《ちみもうりょう》が跋扈《ばっこ》する、まさに生き馬の目を抜くような世界であると認識していただきたい。

「はじめに」からずいぶんと厳しいことを書いてきたが、これが経営者としての私の本音である。ただ、経営者でないと味わえない「喜び」や「面白み」があることも、また事実。

本書を手にとってくださった皆さんには、起業の9割は失敗する、かつ、起業してから10年続く会社が3割に満たないという事実をきちんと受け止めつつ、経営者としての「真の喜び」を感じていただきたいと切に願う。

2024年 11月

中村 真一郎

悪いこと言わないから「起業」はやめておけ：目次

第2章　プロ経営者への道～準備を進める～

第3章　起業に必要な「お金」のこと

第4章　うまくいかない会社に足りない「営業力」

第5章　起業家が知るべき「組織運営力」

第６章　経営力のある人に勧めたい「起業のカタチ」

第1章

経営者になるための「心構え」

起業の9割は「失敗する」と心得よ

起業が失敗する理由は、いくつもある。ビジネスがうまくいかない、資金がショートするといった理由もあれば、信頼していた人に裏切られた、あてにしていた融資を断られた……など、多岐にわたる。

しかし、シンプルに考えれば仕入れ先に対して支払いができ、しかも自分や家族の食い扶持が確保できさえすれば、経営は続けていけるはず。

簡単に言えば**「資金繰りが回らなくなった」から失敗する**のである。

中小企業庁が発表している「倒産の状況」を見ると、倒産の理由は「販売不振」が圧倒的に多い。だいたいこのような流れになる。

想定していた売上が上がらない

↓

仕入先への支払いが滞る、あるいは、自分たちの生活費が確保できない

↓

経営が立ち行かなくなる……。

当然の流れとも言える。

「それなら、銀行や日本政策金融公庫（国民生活金融公庫、いわゆる「国金」のこと）から融資を受ければいいじゃないか」

そう思う方もいるだろう。実際、起業本や起業塾でも「起業する前に資金を借りろ」と主張をする方が多い。

これに関しても、私は反対である。なぜなら、経営者としてのマインドが整っていないのに**融資などでお金を借りると、溶けるようにすぐ無くなってしまう**からだ。

たしかに、起業するには金がかかるが、起業後すぐに売上が立つかどうかはわから

ない。店舗を開くような場合はなおさらである。

にもかかわらず、起業のために融資を受けるということは、借金を背負ってスタートするようなものだ。これが本当に、起業をする上でベストな選択かと言われると、私は首を傾げてしまう。

また、「融資を受けてもすぐになくなってしまう」という前提で、ベンチャーキャピタルや投資家から投資を受けることが最近の傾向としてある。実際、起業家がどれだけ頑張っても、融資が「溶ける」ことはあり得るため、投資する側も9割は失敗すると思って投資している。

ところが、最近は融資する側が「失敗」も視野に入れて投資していることを逆手にとって、最初から「失敗する」ことを前提に資金を集め、事業だけではなく私的にも金を使い、その挙げ句、会社を売却するというベンチャー起業家が少なからずいるのが気になる。それはあまりに真剣味に欠けるし、不誠実極まりない。

そういうやり方で一時的に得をしたような気になるかもしれないが、結局どこか別のところで自分がしたことのツケは必ず返ってくる。当然、そういった資金集めの方法や会社売却、あるいは閉鎖の方法については、本書では触れるつもりはない。

資金繰りについては第3章で詳しく解説するが、私は26歳で再度起業をした後、30歳を超えるまで銀行からの借り入れは一切使わなかった。もちろん、創業支援融資も受けていない。それでも、経営は成り立つのである。

融資なり投資ありきで起業を考えていないか。それではうまくいかないと、ぜひとも心して起業の準備を進めてほしい。

経営者になりたければ「営業力」は必須

経営者には「向き・不向き」がある。特に起業し、自分で事業を立ち上げて経営しようという場合には、必ず持っておくべき「資質」がある。

その一つが「営業力」だ。

先ほども書いた通り、**倒産の理由でダントツに多いのは「資金ショート」と「販売不振」**である。つまり、モノやサービスが売れ、さらには会社経営に必要な資金がありさえすれば会社は潰れないし、経営を続けていける可能性は高い。

多くの起業家を見ていて「技術や商品の知識はあるけれど、営業ができない」人が起業すると、失敗するケースが多い。

「自分ではなくて、営業のプロに頼めばいいじゃないか……」

こう思うかもしれないが、この考え方が実に甘い。

「営業のプロ」を雇った場合、その「プロ」があなたを裏切って顧客と商品を持っていったりしないと、なぜ言い切れるのか。信頼していた営業のプロが、「これ、私が開拓したお客さんだから」と悪びれもせずに、顧客を持ってライバル会社に移る可能性も考えておいたほうがいい。

また、営業を外注してみたところで、費用にあった成果を出せるかどうかもわからない。外注費ばかりがかかって経営状況を圧迫する恐れがある。

営業経験の有無に限らず、**創業社長は自ら営業活動をしていくしか道はない。**

ただ、安心してほしい。「営業力」はすなわち「人間力」や「コミュニケーション力」にも通ずるものがあるので、何歳からでも営業力を磨くことができる。

営業力がない社長は、コミュニケーション力も乏しく、社員や取引先と信頼関係作りに苦戦を強いられるだろう。経営を軌道に乗せるには営業力は必須だと確信している。

いずれにせよ、自分や家族、あるいは会社を経営するための稼ぎは自分で確保する。たとえば起業してメーカーを立ち上げるのなら、自社で制作して、自社で取引先を新規営業で開拓して、販売してほしい。

それくらいの気概と覚悟がなければ、経営を続けていくのは難しい。

営業力の磨き方は後ほど詳しく語っていくが、とにかくここでは「人に頼らず自分で稼ぐ」と肚を決めてほしい。

ポジティブとネガティブを併せ持つべし

経営者に向いている人の特徴として「プラス思考」であることが挙げられる。しかし、それと同時に「超マイナス思考」であることもまた、経営者に必要な資質である。

一見相反するように見える**「プラス思考」と「超マイナス思考」のこの二つの考え方を併せ持つことができる人こそ、経営者に最適な人材だ**と私は考えている。

経営者は自分のビジョンや夢を語って仲間を集めたり、出資者から金を集めたり、あるいは顧客から仕事をもらってきたりするのが仕事である。となれば「自分の会社はこうなる」「将来はこうしていく」という明るくポジティブな未来を描けなければ、魅力的な話もできないし、この人から買いたいと思わない。

また、経営をしていると、目の前が真っ暗になるようなつらいことに遭遇することが必ずある。「終わったかもしれない」と感じる時もあるだろう。そのような時にネガティブに考えていたら、心が病んでしまいかねない。ポジティブに考えて現状を打開することも大事なのである。

一方で、能天気なポジティブ思考だけでは、この厳しい資本主義社会を乗り越えていけるはずがない。

起業家は常に「失敗するかもしれない」と思いながら事業を立ち上げるべき。これが私の考えである。

しつこいようだが、起業をした約9割が失敗して会社をたたむのが現実である。どうして「自分の事業だけは絶対にうまくいく」と根拠もなく言い切れるのか。不思議でならない。

起業家はポジティブに考え、夢やビジョンを大いに語ることも必要だが、それと同じくらい現実をしっかりと見据えて、失敗するリスクを見ながら頭をめぐらせ、経営を進めていくことが必要だ。

おかしな話に聞こえるかもしれないが**「失敗する」と思って経営をしていれば、実際に「失敗する」可能性を下げることができる。**

「この事業は失敗してしまうかもしれない。しかし、想いやビジョンがあるからこそ挑戦する！」

起業家としてこういう心構えは持ってほしい。

そして、失敗しないために考えられるリスクは全て検討し、それを避けるために打てる手は全て打つ。

超ポジティブ思考と超ネガティブ思考を併せ持って、起業を進めていくこと。これこそが起業家、経営者には必要不可欠な頭の使い方だと私は思っている。

こんな人は経営者に向かない

「プライドが高い人」は、経営者には不向きである。言い方を変えると「頭を下げられない人」とも言える。

私はよく「起業したい」という人にこんな質問をする。

「あなたは自分が悪いと思っていなくても、頭を下げることができますか？」

「土下座することができますか？」

迷いなく**「YES」と答えられない人は、起業はしないほうがいい。**

優秀な経営者ほど、何か問題が発生した時やトラブルに見舞われた時、頭を下げる、謝罪することを厭わない。「頭のいい人」や「プライドの高い人」は自分が悪くないと思ったら（場合によっては、自分が悪いと思っても）頭を下げることができない。

しかし、起業の現場では理不尽なことも多々起こる。自分が悪くなかったとしても、頭を下げないと物事が収まらないこともある。そういう時、頭を下げられることが経営者に必要な資質だと私は思っている。

また、**「素直すぎる人」「世間知らずな人」も、起業には向いていない。**一般的に「いい人」と言われる人は、経営者には不向きだと思って間違いない。

誤解を恐れずに書くが、経営は必ずしも「正しい人が成功する」「いい人がうまくいく」という世界ではない。小狡い人が世間知らずの「いい人」をだまして、出し抜いていくということは日常茶飯事だ。

経営を任せていた「番頭役」に裏切られた、という経営者の話を本当によく聞く。社長が経営を任せて、それがうまく回っていると番頭役はつい「社長がいなくても、自分たちだけでやれるのでは？」と思ってしまうようだ。そういう勘違いを起こして、社長を裏切ってしまう。

かく言う私も、そういう経験がある。あまり詳細に書くことはできないが、その時のことを少しだけ紹介してみよう。

「はじめに」でも少し触れたが、私はかつて会社を創業し、共同代表を務めていたことがある。売上規模にして約百億円程度の会社で、上場を準備していた。経営は順調、これからさらに成長させていこうと取り組んでいた矢先、取締役会で緊急動議が出され、私を代表から下ろすという決議をされてしまった。

この段取りをしていたのが、もう一人の共同代表だった。私は彼と信頼関係を築けていたと思っていたし、それまでの経営においても意見を尊重し、いいバランスで経営ができていたと思っていただけに、衝撃的な出来事であった。

さらに、私が10年以上にわたって指導し、手塩にかけて育ててきた番頭役も、私を解雇する側に回ったのである。

信頼していた人間に裏切られ、私は本当に落ち込んだ。その日以降、10日以上出社せず、家で寝込む日々が続いた。

「人はこんなに簡単に裏切るものなのか……」

落ち込むと同時に、いかに自分に「人を見る目」がないかを痛感する出来事でもあった。

もちろん落ち込みはしたが、私はそこで「切り替える」こと、いや、むしろ「開き直る」ことを意識したと言ってもいい。

「どれだけ落ち込み、相手を責めても何にもならない。それならば、再起をかけて新たな仕事を始めよう……」

そう思って、私はすぐに支援者を訪ねて、新しい事業を立ち上げる算段をつけ始めた。そして、2か月後には新天地での仕事をスタートさせたのである。

ちなみに、その会社がその後どうなったかと言えば……。

当然、きちんと経営をしていた創業者を追い出してしまって、経営がうまくいくはずがない。会社に残った面々は某上場会社から送り込まれた社長の裏切りに遭い、さらにはその上場会社も送り込んだ社長の裏切りから今度は自分らが乗っとられ、私が創業した100億円規模の会社はあえなく崩壊してしまった。

その時のことは、私の心残りでもあり、後悔でもあり反省でもある。かつての私のように、経営で失敗する人を1人でも減らしたい。起業や会社経営は「人柄」が良ければうまくいく……といった甘いものではない、ということを伝えたい。

それが、私がこの本を書いている理由の一つにもなっている。

「苦しい時ほど見栄を張れ！」

苦しくても見栄を張れる度量があるかどうか。これは、経営者にとって非常に大切な資質だと思う。

この言葉は、若い頃に渋谷の道玄坂駐車場でアルバイトをしていた頃、さる有名人の方に教えてもらった言葉である。その方も一時期、芸能界から干され、窮地に立たされたことがあるという。

「そういう時に、情けない顔をしていると、さらに仕事が回ってこなくなる。だから、苦しいときほど見栄を張っておかなきゃダメなのよ」

その当時は、なぜ苦しい時に見栄を張ることが大切なのかよくわからなかったが、今はよくわかる。**窮地に立たされ、苦しい時に苦しそうな顔をしていると、何か仕事**

の機会があっても「アイツには任せられない」と思われてしまう。せっかくのチャンスをつぶしかねない。

代表をクビになった時の私が、まさにそうだった。

信頼していた人間に裏切られ、仕事を失い、この先どうしたらいいのか、その直後は途方に暮れていたが「苦しい時ほど見栄を張れ」という言葉を思い出した。だからこそ、今がある。

会社の経営をしていれば、それまで築き上げてきたものを一瞬で失ってしまうこともある。信頼していた人や身内に裏切られることもあるし、落ち込みたくなることもある。そのまま落ち込んでしまえば、それで終わり。再び浮き上がってくることはできないだろう。

だからこそ、自分の意識を切り替えて**「見栄を張る」**ことが必要なのだ。

優秀な経営者ほど「運」を味方につける

起業する上で絶対に欠かせないものは「運」である。**「自分は運がいい」「自分は強運だ」と思えない人は、起業はあきらめたほうがいい。**

「運」なんて非科学的なものを信じられるか、と思う人もいるだろう。だが、経営者にとって「運」は欠かすことができない重要な要素である。

松下幸之助さんにしろ、稲盛和夫さんにしろ、古今東西の優秀な経営者は1人残らず「自分は運がいい」と言っている。事業を始めるにしても、早すぎても、遅すぎてもうまくいかない。時代背景とドンピシャで合った事業を始めるからこそ、成功できるわけだ。

もちろん、時代の流れを読む力も必要になる。だが、そのタイミングに合うかどうかは最終的には「運」次第である。

「自分は運がいい」と思えている人は、輝くようなオーラがある。運が悪い人ほど、どんよりした雰囲気を漂わせている。運がいい人は、何が起こっても「何とかなる！」と思っている。だから、辛くてもしんどくても明るく、元気よくいられる。

では、運をよくするために、何をしたらいいか？

何事に対しても感謝することだ。その「感謝」を忘れると私のように失敗するのである。人間は感謝を忘れる生き物である、という事実もある。

このような話をすると、なかには自分の力だけで運命を切り拓こうと考える人もいるだろう。

しかし、我々人間が持っている力や、できることなど実は微々たるものだ。「運」に恵まれ、時流に乗るなど、ある意味「見えない力」が働いた時のエネルギーは、想像の範囲を超えるものがある。

だから、私はご先祖様のお墓参りは欠かさないし、できる限り神社への参拝もする。まさに「神頼み」である。

世の中には、自分の力だけではどうにもならないことがたくさんある。それは、起業や経営においても同じだ。だったら、自分に打てる手は全て打って、あとは神様にお願いして「なるようになる！」と思っておくしか他にない。

「どうしよう」と思い悩んでいても、どれだけ考え込んでも物事は解決しない。それなら「なるようにしかならない」あるいは「何とかなる」と根拠のない自信を持って物事にぶち当たったほうが、道が拓ける可能性は高い。

そのためにも「自分は運がいい」「自分は強運だ」と思い込めることも、経営者にとっては重要な要素なのだ。

経営者は「孤独なもの」と心得よ

会社経営をしていると、逃げたくなることもあるし、嫌になることもある。人に裏切られたり、従業員の仕事ぶりにイライラしたり、自分の手に負えないところでトラブルが起きたり、損失が発生したりすることもある。

そして、経営者はその全責任を負う必要がある。会社がうまくいけば経営者の手柄だが、売上が立たなかったり、支払いが滞ったりした時は当然、経営者が責任をとるしかない。

何か一つの決断をすることが、会社の命運を大きく左右することもある。そして、その決断を下せるのは経営者、つまり自分しかいない。もちろん、従業員や社外の専門家の意見は聞くし、さまざまな情報を収集もする。だが、最後に決めるのは自分。これが経営者の役割である。

会社を経営するということは、そこに関わる人々の生活や人生に責任を持つということに他ならない。従業員には給料を出さなければならないし、仕入先には支払いをする必要がある。顧客にはきちんと商品やサービスを提供する責任がある。その重圧は、経験したことがない人にとっては想像を絶するものだ。

これはいい・悪いの話ではなく、サラリーマン経験しかない人には、経営者の重圧や孤独は理解できないだろう。こういった責任や重圧、そして孤独を背負って生きていく。それが経営者の生き方である。

近年、特に経営者の間で「サウナブーム」が巻き起こったが、これはあながち一過性のものではないと私は思っている。

私自身、20代の頃からサウナに通っているが、サウナで汗を流し、水風呂に入って自分の思考や心の状態をリセットさせている感覚がある。こういう時間を意識的に設けておかないと、経営者の頭の中は「考えなければならないこと」や「心配」「不安」でいっぱいになってしまう。

自社の経営は、自分で考えて、自分で決めるしかない。税理士やコンサルタントに相談する人もいるが、彼らは経営者ではない。さらに自分の会社のことでもないから、こちらとは当然「真剣味」が違う。自分と同じ考えや視座で自社の経営について相談できる人は、究極「いない」と言っていい。自分1人で考え、自分1人で判断して、自分1人で決断するしかない。そして、その結果も自分1人で背負うことになる。

それだけ経営者は「孤独」なもの。ここまで読んで「それでも経営者になりたい」「それでも起業したい」という人は、ぜひ次の章を読み進めてほしい。

第2章では「事業をどう選ぶか」や「何のために経営をするのか」について、私なりの考え方を紹介する。

コラム１：
起業で準備するもの①（事業への思い、ミッション・ビジョン）

起業する際に準備しておくべきものとして、挙げておきたいのは「事業への想い」や「ミッション」「ビジョン」である。

起業してすぐの段階では、ミッションやビジョンを語るよりも、売上を作り、利益を上げることのほうが重要だと考えるかもしれない。

たしかに、その考え方は間違いなく正しい。

しかし、第５章でも詳しく書いているが、私は起業初期の経営者ほど事業における自分の「夢」や「ビジョン」「ミッション」を語ることを勧めている。

なぜなら、起業初期の会社には実績がないから。もちろん、「前職でこんな仕事をした、こんなすごい業績を挙げられた」と言えることはあるだろうが、それはあくまで「前職での実績」であって「あなたの会社の実績」ではない。

ということは、起業初期の社長が打ち出せるものは、「想い」や「ビジョン」だけなのである。

そして、起業初期の会社ほど、「想い」や「ビジョン」で、応援してくれる人も集まりやすいし、まわりの人も動いてくれやすい。

また、「自分がなぜこの事業を行うのか」「ビジネスを通じてどういう社会を実現したいのか」といった「想い」がなければ、今は苦しいこの状況を乗り越えてやろうというモチベーションも生まれないだろう。

だから、自分がなぜ起業するのか、この会社をどういう会社にしたいのか、どんな規模にまで育てたいのか、といった「想い」や「ビジョン」を明確にしておくべきだと私は考える。紙に書くなどしてまとめておくのもいい。

ちなみに、社員が増えていくと、会社の「ビジョン」が社員の行動指針となる。だからこそ、起業初期からしっかりと準備しておいたほうがいい。

第2章

プロ経営者への道
～準備を進める～

起業する前に「準備しておくこと」

この章では、実際に経営を行っていく上で、より具体的かつ実践的な内容に入っていく。それだけに厳しい内容も増えてくると思うが、ここまで何度も書いてきた通り、起業は決して甘いものではない。

ぜひ、覚悟して読み進めていただきたい。

もし、あなたが現在は会社勤務で、いずれは起業したいと思っているとしたら、起業前に必ずしておいたほうがいいことをお伝えする。

それは**「食い扶持を作っておく」こと**である。

何の準備もなく独立して、その初月から今までのサラリーマン生活と同じ、あるいはそれ以上の収入が得られると思っている人がいたとしたら、その考え方からまず改めるべきだ。

起業する前に「独立した初月から売上が立つ、収入が得られる」という目処が立ってから、実際に独立するかどうかを検討するくらいでちょうどいい。

「独立初月から自分の生活が成り立つだけの売上がある」

この状態を作ろうと意識すると、会社に勤めている間にできることがたくさんあると気付くはずだ。

サラリーマンの多くは「自分で売上を立てる」ことの難しさに気付いていない。どんなに優秀な営業パーソンでも「売るもの」から「売り方」そして「誰に売るか」までを自分でイチから考え、準備することがどれほど難しいか、実際に経験してみないとわからないだろう。

独立初月から安定して自分の「食い扶持」を確保するためには、私は最低でも半年から1年は準備が必要ではないかと思う。

では、どんな準備が必要なのか。具体的に考えてみよう。

「事業の選び方」基本のキ

まず「どんな事業を始めるのか」を決める必要がある。

起業を目指している人から「どんな事業・業種を選べばいいですか?」と聞かれることがある。

私の答えはたった一つ。それは「自分が経験してきたこと」、言い換えれば**「自分の得意分野」**である。

自分が今まで経験したことがないもの、あるいは全く新しいビジネスモデルにチャレンジするのは、極めてリスクが高い。多くの起業家や経営者を見てきたが、成功率は高く見積もっても20%。正確には10%程度ではないかと思う。

私の場合、二度目の起業前から運送業の仕事を受注したり、ドライバーを集めたりする能力があることに自分で気付いていた。

だから、その分野で起業することを決めていた。そして事業が成長していくにつれて「物流・運送」という軸はブラさないままで「人材派遣」や「金融」あるいは「M&A」といった分野にも枝分かれしていったという経緯がある。

だから、基本的には「自分ができること」や「自分の得意分野」、大げさに言えば**「自分の軸」に沿った事業選びをすることが必要不可欠**だと私は考えている。ぜひとも半生を振り返ってみて、何が得意分野なのか、なぜ得意なのかを洗い出して、自分の軸に沿った事業を選んでほしい。

もっと厳しい言い方をすれば「何を事業にしたらいいですか?」と人に質問する人は、はっきり言って起業に向いていない。

「どうしてもこれがやりたい」

「この事業を通じて、こういうビジョンを達成したい」

こんなふうに思う人が独立・起業を目指すわけで、自分の中にそういった熱い想いがないならば、給料をもらって生きていくほうがいいと私は思う。

市場規模で見極める

「事業選び」についてもう少し説明するならば、**市場規模が小さすぎる場合はだいたい失敗する。**「市場がない」ということは、言い換えれば「ニーズがない」ということ。そこに参入したところで、成功できるはずがないのだ。

こう言えるのはなぜか。それは、私自身が過去に苦い経験をしているからである。

一例を挙げよう。コロナ禍の時期、私の本業である運送、そしてドライバーの派遣業も悪影響を受け、暗黒時代に突入した。その際、知人から提案され、店舗の除菌施工を行う事業に参入したことがある。

この店舗の除菌施工事業の市場規模は約１００億円程度。もっと伸びるかと思ったのだが、採算が合わずに撤退した。

事業を新たに始める場合、市場規模で言えば少なくとも３００億円以上、理想は数千億円規模でないと成り立たないと私は考えている。

よく「ブルーオーシャン市場だから、儲かる」といった話を聞くが、それが本当に社会的に意義のあるビジネスで、将来性のある成長市場ならば、たしかにそうかもしれない。

しかし、趣味的なものや限定的な市場の場合、あっという間にライバルが参入し、食い物にされてしまうので要注意だ。

市場規模が小さすぎるのに加え、この店舗除菌施工の事業でも、パートナーに裏切られて大きな損害を被ってしまった。

恥ずかしい話、私は毎年何らかの失敗をしているが、その99％は近寄ってきた人からの提案を私が引き受けたものである。

「人がいい」と言えば聞こえはいいが、経営は本当にお人好しではできない。世の中の事業が失敗するケースは、夢のような事業モデルを提案され、その悪魔の囁きに乗ってしまったという事例がほとんどである。ウマい話、都合のいい話など、そうそうないと頭に入れておくべきだと思う。

強力なライバルがいる中で勝ち残っていけるのか？

ライバルが多すぎるビジネスはどうかというと、実はこれも難しい。もちろん、そのビジネスがあなたの得意分野なら勝負をしてもいいが、決して楽な道のりではない。

私は過去に飲食店を30店舗ほど開店したことがあるが、ことごとく失敗した。飲食店は特に始めた当初はいいが、長く続けていくのは非常に難しい。

なぜなら、飲食店はどうしても競合が大資本の企業になりやすいからだ。強力なライバルたちがいる中で勝ち残っていくためには、よほど特色のある店を作るか、あるいは固定費を徹底的に下げ、売上が低くても続けられる仕組みにするしかない。

「脱サラして、こだわりの飲食店を始めました」

そんな話を聞くと、他人事ながら心配になってしまう。もともと飲食業界で長く働いてきて、酸いも甘いも噛み分けてきたというのならば話は別だが「長年の夢だったから」といった理由で始めるには、飲食店の経営は難しすぎる。飲食業界はあまりにも入口のハードルは低いが、失敗率が8割以上なのが問題である。

このように、自分がどういう事業を選ぶかを考えるだけでも、考慮しなければならないことが多々あるのだ。

また、フランチャイズに加盟してビジネスを始めるのは、決して悪くはない選択だ。フランチャイズであれば「商品」や「仕組み」がすでに整った状態でビジネスを始められるので、その面でのリスクは抑えられる。

ただ、頭に入れておいてほしいのは、フランチャイズは**「フランチャイザー（本部）が儲かる仕組みになっている」**ということ。もう少し正確な言い方をすれば「フランチャイザーは絶対に損をしない仕組み」になっている。だから、フランチャイジー（加盟店）が儲かるかどうかは「本人次第」の部分が極めて大きい。

「フランチャイズビジネスだから、ビジネス初心者でも必ず稼げるし、うまくいく」とは限らない。自分でビジネスを始めるにせよ、フランチャイズに加盟するにせよ、いずれにしろ「営業力」は絶対に必要ということだけは、肝に銘じておいてほしい。

独立前に「根回し」しておこう

起業前にやっておきたい準備としては「根回し」がある。特に、自分が経験のある事業で独立を考えているのならば、独立する前から顧客と「個人的に」つながっておくことが重要である。

「自分が独立したら、仕事を回してくれる顧客がいるか」は、起業が成功するか否かの大きなバロメーターになる。

独立する半年から1年くらい前から、つながりのある得意先や顧客に対して「独立した時には、ぜひお願いします」とお願いできる人間関係がないと、おそらく独立しても苦労するし、失敗する。

想像してみてほしい。独立初月から新規顧客を開拓して、自分の食い扶持をまかなえるほどの売上を上げることが可能だろうか。どれだけ過去の会社で実績を上げていようと、実力があろうと、起業してすぐの人や会社に仕事を頼もうという人は限りなくゼロに近い。

しかし、それが前に勤めていた会社で付き合いがあったとかつながりがあれば、話は変わってくる。「あの人が独立するらしいから、仕事を振ってみようか」と思ってくれる社長がいないとも限らない。

私は**「営業力＝コミュニケーション力」**だと考えている。会社での仕事において、取引先とコミュニケーションがとれていない人は、独立しても絶対にどこかでつまずく。万が一、顧客に対する営業はうまくいったとしても、ビジネスを拡大して従業員を雇用する際、従業員との関係で頭を悩ませる可能性がある。

今いる会社の取引先との間で、こうした「根回し」ができる関係性を築けているかどうか。ポイントを挙げるとすれば、会社を辞める際、社長に「独立するので応援してください」と言える仲であるかどうかだろう。

もちろん、独立して元いた会社と同じ仕事をする場合には、なかなかそうもいかない……と思うかもしれないが、そこも人間関係だ。

そのため、最低限、恨まれるような形で辞めないことが原則だ。次にあげることは起業する上で絶対にしてはいけないタブーだと言える。

・元いた会社の技術を盗んで独立するのは、将来的なリスクになるのでしないこと
・人材の引き抜きをしないこと

本来であれば「職業選択の自由」に反するのだが、退職時に多くの場合、「同業の仕事は2年しません」などと書面を書かされるケースが多々ある。

にもかかわらず、起業を志す人の中にはその約束を破り、前職として勤めていたとケンカをしながら仕事を取り合う人もいる。正直、これはおすすめできない。

取り交わした約束を違えた結果、相手から数千万円単位の損害賠償請求を受けて、裁判で負けてしまう人を、私は多数見てきた。中には街宣車を回され、ネットを含めた誹謗中傷で大変な目に遭い、泣く泣く事業縮小を余儀なくされた会社もあった。

前職と同じ事業で起業するのはかまわない。だが、自分が前に勤めていた会社との

関係が、ケンカ相手のように最悪だったとしたら……。相手が資金力や権力にものを言わせてこちらの事業を妨害し、大変な目に遭うことも考えられる。

そういったリスクを取り除くためにも、前に勤めていた会社との人間関係は崩さないよう、上手に退職することを心がけておきたい。

これは「売上が作れるかどうか」だけではなく「そういう関係作りをできるかどうか」という意味でも、あなたの起業が成功するかどうかを見極める大きな判断材料と言えるのである。

「創業支援融資」を受けるのはやめておけ

「当面の運転資金は融資を受ける」

「とりあえず、日本政策金融公庫の創業支援融資を申請する」

こういった考えを持つ方もいるだろう。実際、起業を勧める書籍や起業塾などでは「ひとまず、創業支援融資を受けよう」と教えるケースが多いと聞く。

これは人それぞれで、絶対的な「正解」はない。ただ私が見る限りでは、そうやって創業融資を受けて起業した人のほとんどが失敗している。

なぜ、創業支援融資を受けた人が失敗してしまうのか？

その理由は、大きく3つあると考えている。

1つ目は「真剣味が薄れる」ことだ。融資を受けて、300万円なり500万円なりのまとまった資金が手元にあれば、当面は安心だろう。しかし、資金繰りに対する「シビアさ」がどうしても薄れる。

売上と支払いの収支バランスを見て、やりくりしていくのが経営の第一歩。 以前にも書いたが「人に頼らず自分で稼ぐ」のが経営の基本であり、大前提である。それが身につかないうちにまとまった資金があると、そこに依存しかねない。ビジネスにおいて最も大切な資金に対する「バランス感覚」が育たなくなる。

2つ目は「融資を受けても、予想以上に溶けてしまう」からである。事業が軌道に乗らず、売上が立たなければ、毎月何十万円、何百万円という金が出ていく可能性は大いにある。

「500万円」と聞くと多くの人にとって、大金のように感じるだろう。

しかし、このくらいの資金はビジネスをしていれば、本当にすぐ溶ける。起業すると誰しも実感することになるが、保険料や税金はかなりの負担になる。このあたりの意識がまだ身についていない状態で融資を受けることは、得策だとは思えない。

3つ目は「融資＝借り入れ」だからである。

当たり前のことを言っているように聞こえるだろうが「融資」とは、いつかは返済しなくてはならないものである。創業時に500万円の融資を受けるということは、言い換えれば「マイナス500万円からのスタート」ということだ。

まずは事業を始めてみる。そして、うまくいくかどうかを見定める。その上で「イケる」となったら融資を受けるということなら、話はわかる。

しかし、最初から融資を受けて、言い換えれば借金を背負ってスタートした場合、事業が失敗したらもう「一巻の終わり」ではないのか？

繰り返し書くが、起業した人の9割は失敗する。それにもかかわらず、なぜ「自分は成功する」と信じられるのか。私は決して可能性を否定したいわけではない。だが「冷静な目」を持つことが極めて重要だと言いたい。

起業する、会社を経営するということは、決して甘いものではない。「絶対にうまくいくビジネス」はないし「絶対に儲かる方法」もない。そんなものがあるなら、私が真っ先に知りたいくらいだ。

起業家は、絶対に成功するという保証がない中で皆、自分の道を切り開いているだけ。本当に自分にそれができるのかを自問自答してほしい。

だからこそ、定年まで会社勤めをして、給料をもらいながら生きていくことができるなら、それはそれで幸せなことだ。私は本当にそう思う。それでも「独立したい」というのなら、それ相応の覚悟が必要だということである。

経営者の必須ツール「日繰り表」

実際に起業し、経営をする上で絶対に準備すべきものが一つだけある。

それは「開業資金」でもなければ「立派な事務所」でもない。むしろ、これらは準備しなくていいものの代表格と言ってもいい。

独立する前に準備しておくべきもの、それは**「日繰り表」**（66ページ参照）である。

この日繰り表は「日次資金繰り表」と呼ぶこともある。読んで字の如く、資金繰りを日次で管理する表のこと。私はこの日繰り表を見ることこそ、経営者にとって最も重要な仕事であると思っている。

日繰り表の書き方には特別決まりやルールがあるわけではないし、難しく考える必要はない。

ただ「いつ、どこから入金があったか」「いつ、どこに支払いを行ったか」さらには「入出金があった後の預金残高」を書いておけばいい。

そして、できれば半年先、最低でも3か月先までの入出金が確定しているもの、もしくは予想されるものを、日付も入れて書いておく。

日繰り表を毎日見るクセがついていると「ここでキャッシュが足りなくなる」というタイミングが見えてくる。どのタイミングで資金がショートするかがわかっていれば、例えば支払いを遅くしてもらう、あるいは入金を早めてもらうといった手を打つことができる。

そうすれば、少なくとも3か月先までは資金ショートで経営が立ち行かなくなる、という状況は回避することが可能だ。

「そんなに細かい資金繰りを経営者が把握する必要があるのか」

こう思う方がいるかもしれない。実際、経営者の中にはこうした資金の動きを全く把握しない、経理担当に任せきりにしている人もいる。

しかし、これは**会社の舵取りを人に任せているようなものだ**と私は思う。そしてこのことに健全な恐怖心を持ってほしい。

簡単な日繰り表（例）

				前月残	800,000		
月	日	項目	入金	支払	残高		
7	2	電話代引き落とし		32,000	768,000		
	4	カード引き落とし		120,000	648,000		
	5	A社売上	440,000		1,088,000		
	5	B社売上	1,500,000		2,588,000		
	10	カード引き落とし		230,000	2,358,000		
	10	C社売上	3,000,000		5,358,000		
	10	○○○外注費支払		400,000	4,958,000		
	10	○○○外注費支払		600,000	4,358,000		
	10	源泉徴収		320,000	4,038,000		
	10	住民税		100,000	3,938,000		
	15	○○○外注費支払		3,000,000	938,000		
	15	BK手数料		3,200	934,800		
	15	社員経費精算		187,600	747,200		
	20	D社売上	4,300,000		5,047,200		
	20	在庫仕入れ		5,000,000	47,200		
	20	リース料引き落とし		150,000	-102,800		
	20	社長貸付	500,000		397,200	資金ショートなので社長貸付	
	25	電話代引き落とし		28,900	368,300		
	26	保険代		30,000	338,300		
	27	家賃		150,000	188,300		
	27	駐車場		50,000	138,300		
	27	リース料引き落とし		43,000	95,300		
	27	ローン引き落とし		44,000	51,300		
	31	メイン売上先	5500000		5,551,300		
	31	サブ売上先	3800000		9,351,300		
	31	給与		3,800,000	5,551,300		
	31	下請け		2,300,000	3,251,300		
	31	家賃		100,000	3,151,300		
	31	広告費		130,000	3,021,300		
	31	借入返済		350,000	2,671,300		
	31	社保支払		1,200,000	1,471,300		
	31	社長返済		500,000	971,300	残高	社長貸付は返す
合計			19,040,000	18,868,700	171,300	CA増減	→月のCAがプラスかマイナスを見る

私自身のことで言えば、過去30年間、私がメインで経営にあたっている会社に関しては全て、自分でネットバンキングにログインをして、自分で日繰り表を記入している。残高が合わないと気分が悪いので、なぜ数字が合わないのかを徹底的に調べている。

現在はさすがに、全グループ会社の日繰り表を自分で作ることはしていない。しかし、全てのグループ会社に週単位で定期的に日繰り表を作らせ、３か月単位の予想表も私に送ってもらうようにしている。

「どの会社がいつ資金ショートするのか」
「どの会社はいつ資金が残り、不足する会社へグループ内貸付が可能か……」

こういったことを自分で全て把握しているのだ。そしてこの際、資金がショートする「時期」ではなく、具体的な「日付」まで確認する必要がある。

ここまで徹底しなければ、地に足がついたしっかりとした経営はできない。たとえ会社が赤字だろうと何だろうと、資金ショートさえしなければ倒産は免れるし、仮に差し押さえされようと何が起ころうと、資金繰りさえ上手に回せていれば会社は潰れないのである。

また、日繰り表さえ確認しておけば、どうしても資金が回らない場合、取引先や関係各所に頭を下げることで対処できるかどうかも判断ができる。

それをさぼり、放置して責任逃れすれば、会社は潰れてしまう。というか、経営者が潰して逃げるのだ。そんな情けない経営者になってほしくない。

いつ、いくらお金が入って、いつ出ていくのか。お金が入ってきて出ていくまでの間、そのお金は「運転資金」としても「投資の原資」としても使える。

こういったことを「肌感覚」で理解できているかどうかで、経営が成功するかどうかは大きく左右される。

ぜひ、起業の準備段階で、日々の生活の「日繰り表」を作ってみてほしい。

こういった経営にまつわる「お金」の話題は、第3章でも詳しく解説していこう。

経営者は人の「3倍」働く

ここで、準備で一番大事なものと言える心の準備の話をしよう。

起業してから最低でも2年間は友だちと酒を飲んで愚痴を言ったり、ボーっとしたりする時間はないと思うべきだ。事業の立ち上げに専念し、資金繰りに頭を悩ませ、ヒマが出来たら人に会って、事業のプラスになるご縁をつなぐ努力をする。

そうでもしなければ、ビジネスを軌道に乗せることなど不可能だと思っておいたほうがいい。

私自身、遅くとも朝6時には起床し、その日の仕事を朝のうちにほぼ済ませておく。それから8時半ごろに出勤し、9時以降は社外の方との打ち合わせやミーティング、社内会議などに時間を使う。もちろん、仕事を終えるのは夜遅くになる。

それでも、一番働いていた時期から見れば、かなり余裕のあるスケジュールになったものだ。かつては1日20時間くらい仕事をしていた。**起業して事業を軌道に乗せるためには、それだけの労力と時間と熱意が必要**ということだ。

「部長になるのは難しいが、社長には簡単になれる」という話を私はよくする。

実際、企業で部長職にまで昇進するのは、並大抵のことではない。大企業であれば、本当に一握りの人しか上り詰められない役職と言っていいだろう。

一方で社長はどうか。

これは「なるだけ」なら明日にでもすぐになれる。法務局に行って起業届を提出すれば、晴れてあなたも「社長」である。しかし、なった後に大変なのが社長業の難しいところだ。

会社経営を30年以上続けてきた私が、これから起業しようという人にアドバイスするならば、こうなる。

「まずは休みなく働け。とにかく行動あるのみ」

ずいぶんひどい言いようだと思うかもしれないが、真実だから仕方がない。

ただ「働く」というのは必ずしも営業活動をしたり、何かを作ったりという直接的な「仕事」とは限らない。

日繰り表を確認して入出金状況を確認したり、会合に顔を出して人脈を広げるといったことも含まれる。とにかく事業を成り立たせ、会社を存続させるためには、四方八方手を尽くす必要があるということだ。

また、時間をどれくらい有効に使えるかを必死に考えることも重要だ。たとえば誰かとミーティングをするため、日程調整をすることがある。こういった時に、私は極力前倒しにするようにしている。

それはなぜか。

スケジュールをなるべく空けず、空白を作らないようにするためだ。空白の原因になる移動手段についてもしっかり考える。電車と車、どちらで移動するのが速いかを調べて、速い方を選択する。電車で移動をしなければならない時はメールの返信など、仕事の時間に使う。

1日は24時間しかない。その上、どんなに短く見積もっても人は5、6時間は寝ている。残りの時間しか動けないと考えると、実は本当に時間が足りない。

起業家は特に、分単位で空白を作らないために行動をとり続けることを心がけなくてはならない。こういうことを意識すると、行動力はすごく上がる。少なくともうまくいっている起業家なら、必ず時間に対する意識が高いからだ。

だから、起業してすぐはできる限りスケジュールを詰めて、行動量を増やすことを勧めたい。仕事や用事をどんどん詰め込んでいったほうがいい。

そうすると、自ずとそういう時間の使い方になれて、結果が出てくる。

「辛そうだ」「大変そうだ」と思うだろうか。

「社長になってまで、苦労したくない」と思うだろうか。

だとしたら、繰り返しになるが、起業はあきらめたほうがいい。苦労せずにビジネスで成功した人を、私は知らない。

万が一、苦労をせずに運よく成功したとしても、起業初期の段階で土台を作っておかなければ、その「成功」はあっけなく崩れるだろう。

逆に「そういうものだ」と肚をくくって、分単位の空白も許さないような行動ができていたら、多少しんどいことがあっても乗り越えられるだろう。

コラム2：起業で準備するもの②（社名）

私自身、正直言ってそこまで社名に大きなこだわりを持っているわけではないが、会社名をつける際には、必ず字画だけは確認するようにしている。

「経営者は運がよくなければ務まらない」というのが私の持論であり、そのためにできることは何でもするべきだ、と思っているからである。

ちなみに、私が2度目に創業した時の会社名は「株式会社カデット」。現在、私がメインで事業を展開している会社は「株式会社ワークステーション」である。これらの社名も、もちろん字画数を確認し、縁起がいいか悪いかをチェックしている。

悪い例として「株式会社ワークステーション」は画数が悪く、業績変動やら代表者変更やら、波乱が数多く起きている。業歴も長く、潰れずに継続できており、業績は過去最高を更新しているものの、波瀾万丈な会社になっているのは、実は社名が影響しているのかもしれない。とはいえ35期も決算ができているということは、運がいいのだろう。

社名の字画がいいか悪いかは、社名占いの無料サイトがあるので、自分で調べることもできる。本格的にしようと思えば、社名占いの専門家などに聞きに行くこともできるだろう。

社名の画数にこだわりだすと、今度は本社の位置や方角が吉方かどうかなど、そういったことまで気になってくるかもしれない。

もちろん、占いに頼りすぎたり、こだわりすぎたりして身動きがとれなくなってしまうのは困るが、「運がよくなる」ための行動でできることは全てしたほうがいいと私は思っている。

自分がつけた社名が「運がいい」「縁起がいい」と思えれば、それだけでも自分が事業を進めていく上でのちょっとした支えにはなるだろう。

もちろん、そんなことを全く気にしない……という人がいてもかまわないと思うが、私は「できることはできる限りする」ことを勧めたい。

第3章

起業に必要な「お金」のこと

「お金」の仕組みを知り尽くそう

いくら「独立初月から自分の食い扶持くらいは確保しておくべし」と言っても、どうしても起業初期は資金繰りに苦労することになるだろう。

運転資金が足りなくなったとしても、銀行は実績も信用もない会社にはお金を貸してくれない。だから社長がキャッシングや消費者金融からお金を借りて工面するという話はよく聞く。

なぜ、こういうことが起こるのか。

それは第2章でも述べた通り「日繰り表」を逐一確認していないからである。いくらの入金がいつにあって、いくらの支払いがいつあるのかを早めに確認しておけば、お金を借りなくても対処することは可能なはずだ。

資金がショートするか否かという危機的状況になってしまう前にもできることはあ

る。真っ先に考えるべきことは**「入金は早く、支払いは遅く」**。これは鉄則である。

私の考え方は「キャッシュフロー経営」と言われるやり方だ。キャッシュフロー経営を意識していれば、いわゆる「黒字倒産」が防げる。つまり、売上があり、利益も出ているにもかかわらず、資金ショートで経営が立ち行かなくなって倒産することがなくなるのだ。

どれだけ売上が上がり、利益を出しているとしても、その利益は「売掛金」という帳簿上での数字にすぎず、手元にはキャッシュがないという会社も実は多く存在する。月末に入金予定があったとしても、現時点で預金がないので支払いが滞っている状態だ。

企業間取引では、売上が立っていても当月にキャッシュが入らないことは日常茶飯事。この売上から入金のタイムラグによって、帳簿上の数字と実際の現金額に差が生じ、必要な支払いに対応できなくなってしまう。

そこで、日繰り表を日々確認し「入金は早く、支払いは遅く」を意識していれば、そういった危機を回避できるというわけだ。

また、キャッシュフロー経営のメリットは他にもある。たとえば、月初に100万円の入金があり、月末に100万円の支払いがあるとする。この1か月の間、預金口座に100万円をずっと置いておく必要があるかと言えば、答えは「ノー」だ。支払いが発生する月末までは、手元にある100万円を「運転資金」としても「投資の原資」としても使うことができるからだ。

この「入金」と「出金」の時間差を意識的に活用する経営手法は、Amazon のビジネスモデルと同じである。Amazon は自社のECサイトに出店する顧客の売上入金を1日も早く回収するが、ECサイト出店社への支払いは30日から60日サイトと遅く支払うようにしている。

取引先への支払いは長めの時間を設定することで手元にキャッシュを準備し、短期的な流動資産を持つことができる。そして、その資金を設備投資に回したりするという仕組みを確立している。

起業家は参考にしていい仕組みだ。

運転資金はどう考えるか？

よく経営の本などを読むと「月商の3か月分はお金を借りておけ」と書いてあることもある。

もちろん、私の考え方は真逆だ。

「自分が思っている3分の1の運転資金で経営できないか」

この問いを、私は常に持っている。運転資金が潤沢にあれば、もちろん余裕は生まれるだろう。しかし「知恵」は出ない。

それよりも、ギリギリの資金でどうやりくりするかを考えるほうが、ムダな借り入れをせずに済むし、経営マインドが育つ。

極端な話をすれば、業種によっては「運転資金」はゼロ円でも会社経営は行える、と私は考えている。

会社経営のことだけを考えれば「入金」と「出金」の帳尻が合えば、必ずしも余剰資金を持つ必要はない。

つまり、支払い額を超える入金があり、さらに支払いが発生する前に売掛金を回収することができさえすれば、入ってきた金をそのまま支払いに回すことが可能になるのだ。それこそ「日繰り表」を使って、会社のお金をしっかりと把握していれば、資金がショートすることもない。

とはいえ、これはもちろん極論である。売掛金の回収が遅れることもあるし、業種によっては仕入れに資金がどうしても必要な場合もあるので、余剰資金をなくしてゼロにしろということではない。

ただ、ここで言いたいのは「月商の3か月分は常に余剰資金を持っておかなければいけない」というような、いわゆる「常識」に囚われる必要は全くないということだ。業種によっては、いくらでも運転資金は減らせるし、いかに運転資金を減らしていくのかを常に考えてほしい。

事業を軌道に乗せるまでの間は、手堅すぎるくらいに手堅い経営を行うべきだと私は考える。そのためにも運転資金の見直しは必須である。

第2章でも述べたが、金融機関から融資を引っ張ってきて、大きな投資にチャレンジすることとは、私に言わせれば「経営」ではなく「博打」である。

経営は決して博打ではなく、もっと手堅くいかないとならない。確実にキャッシュを稼ぎ、支払いを滞らせず、少しずつ信用を得て、事業を拡大していく。これが私の考える「経営」であり「起業」である。

「キャッシュフロー経営」が潰れない会社を作る

「入金は早く、支払いは遅く」を実現するためには、取引先の「支払いサイト」をどれだけ短く設定できるかが重要になってくる。キャッシュがすぐに入ってくるビジネス、例えば飲食店やＢｔｏＣ（企業と消費者間の取引のこと。Business to Customer の略）のビジネスであれば問題ないが、そうでない場合にはできるだけ支払いサイトを短くすることを意識したい。

以前は支払いサイトがかなり長いケースもあったが、最近は令和3年に公正取引委員会が出した通達（「下請代金の支払手段について」）などの効果もあってか、請求から支払いまでの期間は短縮の傾向にあるようだ。

しかし、未だに支払いサイトが40日、場合によっては60日に設定されているケースもあるようだ。

これは経営者によっていろいろな考え方もあるだろうが、個人的な意見を言えば、取引先の支払いサイトは30日以上にしないことをおすすめする。つまり、今月末に請求書を出したら、翌月末には支払ってもらうというサイクルである。

私なら、取引先の支払いサイトが30日以上だとしたら「もっと短くできませんか」と交渉をする。それでも、30日以上でしか取引しない、交渉の余地もないと言うならば、その取引はあきらめることを選択する。それがどれだけ大きな金額の取引であっても、相手が優良大手企業であっても、である。

「ちょっとくらい入金が遅くてもいいじゃないか」と思う方もいるだろう。

しかし、**売上額や利益の大小以上に、「入金は早く、支払いは遅く」の鉄則を守ることのほうが大切だ**と私は考える。それくらいの強い意志を持って、キャッシュフロー経営を行っていれば、倒産のリスクは大幅に下げることができる。

大事なので繰り返すが、「お金のことは経理担当に任せている」とか「奥さんがすべて取り仕切っている」という経営者もいるが、それは非常に危険な考え方だ。

家のやりくりを奥様に任せるかどうかは各家庭の考え方があるからいいとして、それと会社経営とを一緒にしてはいけない。

　万が一、資金繰りがうまくいかなくて会社が倒産した場合、誰がどう責任をとるのか。そう、経営者であるあなたが全責任を負う必要がある。その時に「お金のことは奥さんに任せていたからわかりません」では、話が通らない。

　経理担当に任せるのも同じことだ。さらに言えば、従業員と経営者では背負うべき責任の重さが全く違う。先々を見て経営者に「このあたりで資金が足りなくなります」とか「この支払いをどうしましょうか」と直言してくれるくらい責任感のある経理担当ならいいかもしれないが、多くの場合は

支払いサイト

支払いサイトとは、取引期間の締め日から支払期日までの期間のこと

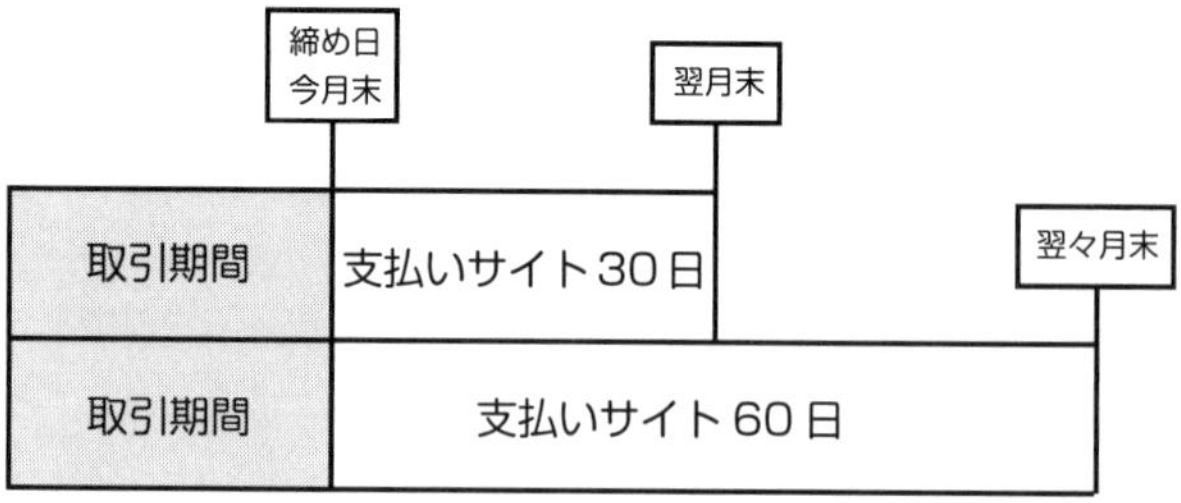

「入金は早く、支払いは遅く」の鉄則を守ろう

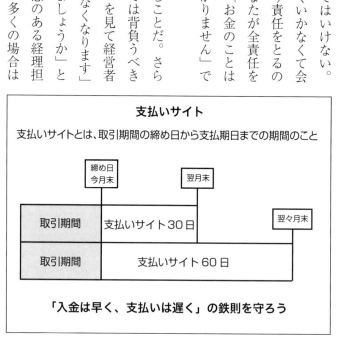

そうではない。

ある日、「来月の支払いができません」と突然言われて、何か打てる手があるだろうか。

支払いを遅らせるにせよ、入金を早めてもらうにせよ、ほとんどの場合、1か月くらいの猶予では動きようがない。

一方、これが3か月前、半年前から把握できていれば、早めに動けるし、根回しができる。起業したての経営者こそ、お金の動きに意識を張るべきなのである。

金融機関の上手な「選び方」「付き合い方」

「メインバンクの上手な選び方を教えて下さい」という質問を受けることがある。

「取引先にナメられないように、メガバンクに口座を作れ」

「シェア日本一の銀行をメインバンクにしたほうがいい」

こんな話がまことしやかにささやかれるが、私はそうは思わない。

私自身、当初からメガバンクをメインバンクにして起業したが「あまりよくなかった」というのが正直な感想である。むしろ、地域に根づいた信用金庫や地方銀行からスタートするほうが、メリットは大きいと感じている。

それはなぜか。

メガバンクは当然ながら大手企業とも取引があり、取り扱い金額が非常に大きい。10億、20億円単位でも、メガバンクからすれば「小さい取引」だ。

一方、地元の信用金庫や地方銀行は取り扱い金額がそこまで大きくない。だから、何百万円くらいの取引額でも、大切にしてくれることが多い。

また、事業が軌道に乗って拡大のために融資を受けようという際にも、信金や地銀は親身になって対応してくれる印象がある。


一昔前は、メインバンクが信金や地銀だと「甘く見られる」とか「大企業と取引できない」といった話があったが、最近はほとんど聞かなくなった。

あるいは、もし銀行から融資を受けるつもりがないのならば「ネット銀行」を使うのも一つの手だ。ネット銀行のメリットは何と言っても**「振込手数料が安いこと」**だ。

メガバンクはもちろん、地方銀行でも他行あての振込手数料は安くても200円、場合によっては4〜500円とられることもある。その点、ネット銀行は諸条件を満たせば振込手数料がゼロ円になることもある。

私の会社でも、実際に支払いだけはネット銀行から行うことが多い。ネット銀行に預金を移して振込をするため、たしかに手間はかかる。

しかし、それだけで一回何百円か得するのであれば、それだけの手間をかける意味はある。

振込件数が多いからもあるが、私の会社であれば手数料の差額で事務員1人分の給料が賄えてしまう。**経営者たるもの、徹底したコスト意識を持って仕事にあたるべきだ**と私は考えている。

小さなことをおろそかにする人間は、大きなことを成すことはない。

「銀行借入＝売上」という会社

金融機関（銀行）との付き合い方では、融資についても書いておくべきだろう。基本的に銀行がお金を貸したがるのは「コンサバ（保守的）な会社」であり、いい意味でも悪い意味でも「余計なことをしていない会社」である。私が見た限り、銀行が融資したがる会社の特徴は以下の通りだ。

・本業に関すること以外にお金が流れていないこと
・赤字や借り入れがないなど、損益計算書（ＰＬ）・貸借対照表（ＢＳ）がキレイであること
・経営者と会社との間でお金のやりとりがないこと

「本業に関すること以外にお金が流れていない」とはどういうことかと言えば、簡単に言えば事業拡大に向けた先行投資、例えば広告宣伝などをしていないということだ。

銀行が見ているのは「将来性」よりも「今の決算書」である。「将来に向けて利益を削って先行投資している」ことは、融資の際には必ずしもプラスに働かない。

これは2番目の損益計算書（ＰＬ）や貸借対照表（ＢＳ）の話ともつながってくる。実は「攻めている会社」「事業拡大を目指している会社」は、本来であれば会社に残る利益を営業活動や投資に回すため、赤字や借り入れが増えやすく、ＰＬやＢＳが汚れる傾向にある。こういった会社は銀行の融資を受ける際には不利になる。

銀行融資を受けるために利益を確保するか、それとも事業拡大のためにお金を使うか。これは、どちらかが「絶対に正しい」と言えるものではない。ひとえに経営者の考え方による。

2番目の項目は、社長や役員が会社からお金を借りる、あるいは会社に自分のお金を入れる、いわゆる「役員貸付金」や「役員借入金」のことを指す。

「役員貸付金」があると「会社と個人の区別がついていない」という印象を持たれる。さらに銀行は会社のお金が外部に流出している状態を嫌うため、心象が非常に悪くなる。融資を受けたい場合には、かなりのデメリットになる。

逆に会社への貸付（役員借入金）ならばかまわないと思うかもしれないが、これも融資を受ける場合にはあまり好ましくない。銀行は財務数値を使って会社の評価を行うが、会社への貸付（＝社長借入）が多いと、財務数値の中でも重要な指標である「自己資本比率」が下がってしまうからだ。

中小・零細企業、特にオーナー企業だと、

貸借対照表（BS）と損益計算書（PL）

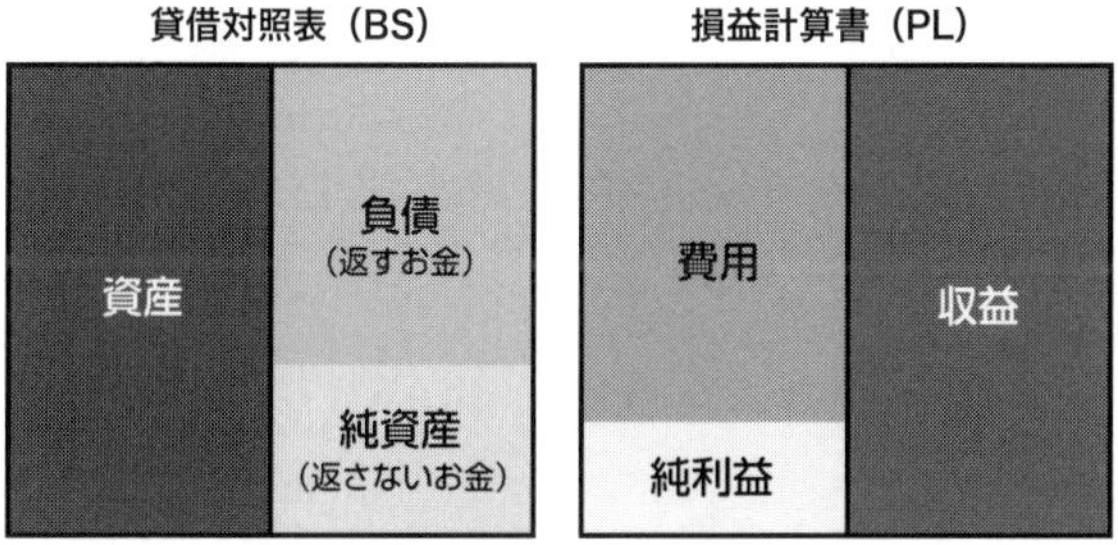

貸借対照表は、お金をどう調達してどう使ったかを示す

損益計算書は、会社の収益構造やどのくらい利益が出ているかを示す

資金繰りの関係で社長が会社にお金を貸したり、逆に会社のお金を借りたりするということがよく行われる。

もちろん、切羽詰まった状況だと、そうするしかない場合も多々ある。しつこいようだが、こういった事態も「日繰り表」で入出金の状況をしっかりと把握しておけば、防ぐことができる。

さて、ここから先は参考として読んでもらえればいいが、中小企業の中には自社の事業拡大や成長に向けた投資をするのではなく、銀行からの借り入れを繰り返して食いつないでいるような会社もある。

なぜ、そんなことが成立するかと言えば、銀行から見ればコンサバで積極的に先行投資をしない、言葉を選ばずに言えば「冴えない会社」のほうが安心してお金を貸せるからである。

言い方は悪いが、こういう会社にとっては「借入＝売上」である。月々の返済はきちんとして、ある程度経ったら再び借り換えをする。銀行側としては返済が滞ることはないし、金利もとれるから何の問題もない、ということになる。

私はこういった会社が実際に存在することは知っている。そして、そのことを「いい」とも「悪い」とも思わない。こういうケースもある、ということを知っておくことも大切だろう。

私は基本的に銀行融資を受けることには否定的な考え方を持っているが、建設業のように施工後、お金が入ってくるのが半年〜1年後が当たり前という業界など例外もある。

こういったビジネスモデルの場合、事業計画をしっかり作って融資を受けて運転資金を用意しなければ、事業を存続させることができない。

しかし、売上がキャッシュで入る商売や、請求後長くても30日後には入金がある商売の場合、本来は銀行からの融資がなくてもビジネスを継続することはできる。だから、自分がやろうとしているビジネスの「お金の流れ」をしっかりと把握した上で、銀行との付き合い方を考えるべきなのである。

成長時の「赤字」は悪くない

会社が成長している時の「赤字」は決して悪いものではない。

これが私の持論である。これも、会社のお金がどう動いているか、どう流れていくかを把握していれば、納得できるはずだ。

会社が成長して利益を上げている時、それをずっと溜め込んでいくとどうなるか。当然、税金を支払うことになる。法人の所得税率は35％だが、実際には「魔の10％」と呼ばれる消費税の支払いもある。つまり、**利益の45％は税金を支払わなくてはならない**ということだ。

となると、利益が出れば出るほど、資金繰りは苦しくなる。それならば、思い切って事業拡大や成長に投資したほうがいい。

投資とは、言い換えれば「利益の繰り延べ」である。その投資が将来的に5倍になるか、10倍になるかはその時点ではわからない。

ただ、投資を続けて赤字になれば、税金は発生しない。そして、事業は成長・拡大する。そして、その投資をストップすればポンと利益が出るわけだ。

当然、単純に売上が上がっていない状態での「赤字」は危険信号だ。しかし、利益を先行投資に回して、繰り延べして未来にお金をずらすことは、賢明なやり方だと私は考える。

銀行から資金を調達するために、あえて利益を出す。それを戦略的に行っているのであればいいだろう。

しかし、それが見込めないのであれば、先行投資をして利益を抑えておくことを考える。言い換えるならば、会社の売上や利益をどうコントロールするか、利益を出すのか出さないのかをしっかりと考えることも、経営者の仕事である。

また、節税のために広告を打つ、という手段をとる場合もある。例えばベンチャー企業の場合、ずっと広告を打ち続けて赤字にしておいて、上場前の半年くらいで一気に利益を出してV字回復させて見栄えをよくする方法をとることもある。そうすると

「この会社は成長している」と投資家が判断し、株価上昇につなげられる。

こういったことも、会社のお金がどう動いているのかを経営者が把握しているからこそできることである。経営者が「オレ、経理のことはわからないから」などと言っていたら、こういう会話は成り立たなくなってしまう。

だから私は**「日繰り表を制するものは、経営を制する」**と言いたい。私はほぼ毎日、全グループ会社の日繰り表をいまだにチェックしている。自社のキャッシュがどう動いているかを把握することは、経営者にとって最大の仕事だということを肝に銘じておいてほしい。

「経営とお金」について知っておきたいこと

経営とお金について考える上で、避けて通れないのが「経営者保証」である。経営者保証とは、特に中小・零細企業が融資を受ける際、経営者個人が会社の連帯保証人となり、返済責任を負うことである。

万が一、企業が倒産して融資の返済ができなくなった場合、経営者個人が企業に代わって返済することを求められる。これが経営者保証の仕組みである。中小企業庁は2023年頃から経営者保証を外すことを金融機関に指導しているが、なかなかなくならないのが現状である。

経営者の立場から考えれば、ほとんどの人は「融資を焦げ付かせよう」と思ってビジネスをしているわけがない。

しかし、日本の金融機関は「お金を返さない人が悪い」という論理で動いているから、どうにかして回収しようとする。

その結果、経営者が追い込まれてノイローゼになってしまったり、自殺に追い込まれたりするケースが多々ある。

海外では「トライしてみて、ダメだったなら仕方がない」という考え方が浸透している。アメリカでは、会社が倒産すると翌日にはその経営者のところに銀行の融資担当者がやってきて「もう一度チャレンジしませんか」と融資を持ちかけるという話を聞いたことがある。「一度失敗しているから、二度目はうまくやるだろう」という考え方なのかもしれない。

少なくとも、経営者の家族にまで負担を与えるようなやり方は避けるべきではないかと私は考えるのだが、残念ながら現状はそうなっていない。

言葉を選ばずに言えば、金融機関の人たちは「優しくない」。経営者保証がある限り、その経営者が何歳であろうと、既に引退していようと、お構いなしに返済を要求する。

会社を売却して既に引退しているにもかかわらず、経営者保証のついた融資は引き継いでもらえず、自分の家や資産を手放さざるを得なくなった……という話も聞いたことがある。個人的にはひどい話だと思うが、これが融資の現状だとも言える。

もう一つ、経営とお金で知っておくべきことを最後に書いておく。

新型コロナウイルスの感染症が猛威を振るった数年間、国は企業に対してさまざまな猶予制度を展開してきた。言葉を選ばずに言えば、補助金や助成金でお金をばらまくようなことを繰り返してきた。しかし、新型コロナが一段落した2024年以降、何が起きているか。

ずばり「回収」に回り始めているのである。「税金」と「社会保険料」の支払いが滞る会社は、情け容赦なく潰してかまわない。国はそういう方針を固めたようだ。

企業間の「売掛」「買掛」は、多少遅れても待ってもらえることが多い。

一方で、税務署や社会保険事務所は、基本的に期限通りに回収することしか考えていない。税金や社会保険料の支払いで資金繰りが厳しくなり、会社経営が成り立たなくなるケースを、私は数多く見てきた。

過激な表現かもしれないが「税務署と社会保険事務所が中小企業の息の根を止める」

と言っても過言ではない。

税務署や社会保険事務所といった国の機関は、差し押さえ可能な権力を持っているため、担当者レベルでは「何とか存続させたい」と思ったとしても、回収率の成績を重視する上司がいる限り、回収＝差し押さえを推奨して実行させる。それで会社が潰れようと、雇用が無くなろうとお構いなし……というのが残念ながら、今の状況である。

こうした現状に対応する対策としては、誠意ある説明を行い、分割支払いをするにしても、支払い計画をきちんと提出してマメな対応をする、これしかない。

もちろん、ＯＢの力を借りると言った対策もとれるかもしれないが、基本は細かく、報連相で乗り切るしかない。究極の対策としては社員を業務委託に切り替え、社会保険料や税金の負担を減らす、という方法もある。役所もそれを推奨する場合がある。

しかし、はっきり言って会社の経営をし、売上を立てながらマメな対応をするのは至難の業だ。さらに、国は法人数が多すぎるから減らしたい、という意図を持っている。特に幽霊企業や弱小企業、並びに銀行と連携して、銀行借り入れだけで生き残っているような「借り入れ依存型企業」を救おうという気持ちは一切ない。むしろ、潰れてほしいとすら思っている。

国は雇用を失う人に対しては税金を補填して、働かなくても生きていけるくらいは支えるつもりでいる。言い換えれば「働かなくても、そこそこ生きられる国は作っている」と考えている。

これが国の「本音」であり「真実」であることを、経営者は肝に銘じておく必要がある。

こういった背景を鑑みると、税務署と社会保険事務所による「差押倒産」は今後も増えていくことが容易に予想される。

しかし、あきらめずに未来を見て進んでいけば、会社の存続は決して不可能ではない。唯一の問題は、社長の心が折れてしまうことだ。

万が一差し押さえられたら、開き直ってイチから創業だと考え、迷惑をかけた社員や未払金がある取引先に頭を下げ、理由を説明し、事業存続に向けた活動を行えばいいのである。

「差し押さえられた」ということは、前向きに捉えれば「支払いが済んだ」とも言える。「未払いが減った」と割り切って、開き直って再チャレンジもできる。

大切なことは、社長の気持ち一つであるとも言えるだろう。

こうした状況下では、経営者はいかに税務署と社会保険事務所に「自社を潰されないか」ということを真剣に考えるべきだと私は思う。

繰り返しになるが、税金や社会保険料を払えない会社は潰してかまわない、と国は考えている。つまり、裏を返せば税金や社会保険料さえ滞納しなければ、潰されずに済む可能性がある、とも言える。極端なことを言えば「買掛」や「未払金」の支払いを少し待ってもらってでも、税金や社会保険料を支払って会社の存続を図る、という方法も考えられるかもしれない。

いずれにせよ、起業や会社を経営する上では、お金の動きをしっかりと把握しておく必要がある。

くどいようだが、日繰り表で入金と出金のタイミングをきちんと確認して、お金をどう動かしていくかが見えてさえいれば、会社が潰れる危険性を低くすることができる。

これらは「守り」の考え方になる。経営はしっかりした「守り」ができていなければ失敗する。しかし、当然ながら「攻め」も必要だ。

売上がなければ、利益を生むこともできないし、事業を拡大することにもつながらない。ところが、起業を志す人の多くが「攻め＝営業力」を欠いている。

そこで次の章では、経営を成り立たせ、事業を拡大するために必要不可欠な「営業力」について書いていく。

営業力がある人とはどういう人か、どうしたら営業力を身につけることができるかなど、私の経験に基づいて書いていく。

コラム３：起業で準備するもの③（銀行口座、ハンコ）

ここまで銀行口座について解説してきたが、２０２４年現在、新規で銀行の口座を開設するのは極めて難しい状況にあると思ったほうがいい。なぜならマネー・ロンダリング対策のため、銀行側が口座を新規に開設することを渋っているからだ。

業績のある法人でも、別会社を立ち上げて新たに口座を作ろうとしたところ、銀行から断られたという話も聞く。となると、新たに起業したての会社はなおのことである。

その傾向は大手都市銀行に強く、残された方法は「楽天銀行」や「ＧＭＯあおぞらネット銀行」などに代表されるネット銀行を使うことである。あるいは、実績のある会社に銀行を紹介してもらい、その流れで口座を開設するという方法もあるかもしれないが、今の状況でどこまでそれが通用するかは何とも言えない。

「社判」や「ハンコ」については、私は以前から割と「どうでもいい」と考えていた。

ハンコで会社を判断するわけではない、実力さえあればいいだろうと創業当時から考えていたからである。

しかし、人によっては「どういうハンコを使っているのか」を気にするらしく、あまり貧弱なハンコを使っていると、会社の評判を落とすことにもつながってしまうことがあるらしい。

だから「実力さえあれば、ハンコはどんなものを使っていてもいい」とは言い切れないようだ。なので、もし今からハンコを作るのであれば、しっかりしたところで作ることをおすすめする。

とはいえ、今は契約書や請求書などが電子化されている流れもあり、以前に比べれば書類にハンコを捺す機会は減っていると思う。だから、以前ほど「おかしなハンコを使っているから会社の信用が落ちる」ことは減ってはいると感じる。

第4章

うまくいかない会社に
足りない「営業力」

中小零細企業の9割は「営業力不足」

起業する上で、あるいは会社を経営する上で最も大切なスキル、それは「営業力」だと私は考えている。

一方で、これは私の感覚値にはなるが「起業したい」と言っている人、あるいは個人事業主や零細企業の経営者のほとんど、割合にすると8～9割の人が「営業力」を持っていないと言える。

技術系の会社に多いのだが「うちは技術力で勝負しています」という経営者がいる。もちろん、それで大成功を収めているというのであれば、私がとやかく言う筋合いはない。

だが、技術力で勝負しているのに、ビジネスがパッとしないのであれば、厳しい言い方をすれば、それは単に「勝負になっていない」だけである。

自社の技術は優れているという自負があるのに、なぜか日の目を見ない……。その場合、実際には「その程度の技術」だという可能性もある。それなのに「うちの技術はスゴイ」と自分に酔っているだけでは、経営がうまくいくはずがない。

誰もが驚く画期的な技術力を持っている会社であれば、ひょっとしたら営業力がなくても生き残り、成功できるかもしれない。

しかし、それは極めてレアケースだ。多くの場合、どれだけ「他社より優れた技術力がある」と言っても五十歩百歩。あるいは他社と比べて圧倒的な技術力の差があったとしても、それを売り込む力がなければ、売上にはつながらないこともある。

だからこそ、経営者は「営業力」を身につける必要がある。営業力がなければ、どれだけ優れた技術力を持っていても、それを発揮できない。そして、その技術力を使って社会に貢献することもできない。

もっと手前のことを言えば、従業員に給料を支払うことも、自分が食っていくこともできなくなってしまう。

「高い品質のモノを作ります」は、もはや大前提。その上で、それをどう知ってもらうか、どう売っていくかを考えるべきだ。

現代は「モノがあれば売れる」時代でもなければ「いいモノが安ければ売れる」時代でもない。とにかく「知ってもらう」ことができなければ、どれだけ安くていいモノを作っていても、淘汰されていく時代だと心得ておいてほしい。

あえて厳しく書くが、特に技術系の会社においては**「自社の技術力にあぐらをかかないこと」**を肝に銘じるべきだ。

もちろん、自社の技術力に自信や誇りを持つことは素晴らしいことだ。技術力をどんどん磨いていってほしい。

しかし「技術力があるから売れる」「いいモノだから売れる」は、単なる自己満足。いいモノを作って、どう知ってもらうか。その営業力を磨いていかなければ、生き残っていけないのである。

営業力の原点は「人間力」

どんな商品でも「売れる」人もいる。営業力のある人とは、一体どういう人なのか。どういう特徴を持っているのか。

多くの人が考える「営業力のある人」とは、営業トークが上手で、立て板に水で話ができて、口八丁手八丁、自分の商品について怒涛のごとく説明する……といったものではないかと思う。

だが、自分が持ってきた商品の説明ばかりしている人から、何か買いたいと思うだろうか？

答えは「ノー」だ。「営業＝売り込み」だと勘違いしていると、このあたりで間違えてしまうことになる。

そもそも人間は誰しも「勝手に自分の話だけをする人」の話など聞きたがらない。

それどころか、人によっては嫌悪感すら抱くだろう。当然、相手は心を開いてくれず、本当の課題や悩みを聞き出すことができない。当然ながら、的を射た提案もできないことになる。

私が考える「営業力」の第一歩は「人の話をよく聞く」ことにある。自社商品を説明することではなく、相手の課題や悩みを「聞き出す」ことに注力してほしい。

「自分の話を聞いてくれる人」からの話は聞くし、心も開いてくれやすくなるというメリットがある。人は、自分の話をじっくり聞いてくれる人に対して、人間的な魅力を感じたりするものだ。

どの営業手法も基本的に、相手から「聞き出す」ことを念頭に置いてやってみよう。例えば、テレアポをする際「〇〇でお困りではないですか？」「こういう課題はないでしょうか？」などと相手のことを聞き出してみる。そうすると、案外話を聞いてもらえたり、アポイントにつながったりすることが多い。

ではなぜ、自分の話ばかりしてしまうのか。

どうして、相手が興味を持っているかどうかもわからないのに売り込んで失敗するのか。

これは「焦り」からくるものだと私は考えている。

経営者の会に参加すると「3分間で自社の説明をしてください」と言われることがある。こういう時には必ず、止められるまでずっとしゃべり続ける人がいる。これも同じことだ。

仕事熱心、営業熱心なのは悪いことではない。だが、自分が言いたいこと、伝えたいことをとにかくたくさん相手に伝えればいいかと言えば、そうではない。そんなことをしても、自社のことが相手の記憶にも印象にも残らないのが現実だ。

もし、自社の説明をする機会があったら、アピールしたいことが多くあったとしても、相手に合わせてあえてポイントを絞って話をすることをおすすめする。

そうすると、興味を持った人は必ず聞きに来る。そこで、改めてきちんと説明をすればいい。そのくらい**「ゆとり」や「余裕」を持ったほうが、かえって営業もうまくいく**ということだ。

「営業できる社長」がいる会社は潰れない

もし「私は社長だから、営業などしなくていい」とか「営業は営業担当に任せる」と考えている人がいるとしたら、その考え方は今すぐ改めるべきだ。あるいは、会社が暗礁に乗り上げるまで、その考え方を持ち続けてみるといい。

厳しい言い方かもしれないが、**営業ができないトップの下で事業が拡大する可能性は極めて低い。**もちろん、ある程度規模が大きい会社であれば別だが、こと中小企業のレベルであれば、社長自ら営業するのは当たり前である。

このように言うと、「営業未経験だから、営業なんてできない」と思う人もいるだろう。技術職から起業された社長にありがちな考え方だが、少々難しく考えすぎているように思う。

たとえば私の場合、一度ゴルフコンペに参加すると、だいたい1~2件商談が決まる。これまでゴルフをきっかけに、総額で30億円近い商談を成立させてきたはずだ。

一緒にコースを回っている人の話を聞いていると「実はこんなことで困っていて」とか「こんなことがあって」という話になる。その時に「うちでは、こんなサービスがありますよ」と軽く言うだけ。

そうすると、相手が興味を持って「今度提案してください！」となる。つまり、私にとってゴルフに行くことは一種の営業活動なのだ。

株式会社ユーグレナの出雲充社長も、営業力のある社長だと私は見ている。彼は緑色のネクタイを締めて、さまざまな会合などに顔を出して自分の顔と名前を売り「ユーグレナ」を知ってもらう努力をしてきた。

だからこそ、多くの人が「ユーグレナ＝ミドリムシ」ということを知るきっかけになり、上場にもつながっていったのである。

どんなにマーケティングを学ぼうと、営業を誰かに任せようと、社長が一人で会社にいて悶々とすることが売上につながるかと言えば、そんなことはない。

やはり外に出て、できるだけ人に知ってもらうこと。これが事業を伸ばしていくためには必要不可欠だと私は考えている。

そう考えれば、人と会って話を聞くことも営業活動の一つになる。営業に対する苦手意識を捨てて、人の話を聞くチャンスをいくつ作れるかが営業面で大事になってくる。

行動なくしてチャンスなし。行動量とチャンスの量は比例する。私はそう思っている。もちろん、焦る必要はない。誰かに「売り込もう」としなくてもいい。ただ、行動しない限り、チャンスはやってこない。

これから起業しようとしている人、あるいは会社の売上が上がらないという経営者の皆さんには「行動なくしてチャンスなし」という言葉を肝に銘じていただきたい。

営業は会社経営を助ける

会社を存続させるためには営業をかけて、契約をとってこなければならない。ただ「売上が立つなら、どんな会社とでも取引する」という考え方は危険である。

もちろん、起業初期はぜいたくを言っていられないから「選り好みはしない」と割り切るのもいいだろう。

しかし、もし多少の余裕があるのであれば、次のポイントは意識して抑えておいたほうがいい。

まず「孫請け」や「ひ孫請け」といった下請けの下請けからの仕事は、私はできるだけ避ける。こうした取引先からの仕事は、どうしても受注金額や納期が厳しくなる。言い方は悪いが、孫請け、ひ孫請けといった会社は自分たちの融通が利く取引先を求める傾向にある。

自社に実績がないうちは、どうしてもこういった厳しい仕事を受けて、売上を作らなければならない時期もあるだろう。

だが、ある程度実績を積むことができたら、意識して一次請けの会社から仕事を受けられるような営業活動にシフトすることも必要である。

そういう意味でも「サラリーマン時代に付き合いのある会社から仕事がもらえるように根回ししておく」ことは大切なのだ。

取引先からいいように使われる仕事ばかりだと、売上が上がったとしても疲弊する。気心の知れている相手との仕事であれば、いろいろと調整や融通が利きやすく、経済的にも精神的にも安定につながる。

こういう取引先が一つでも、二つでもあることは大きなメリットがある。

取引先を分散させる

「取引先を絞りすぎない」ことも大切なことだ。大口の顧客があるから安泰、もう営業活動はしなくてもいい……と考えるのは非常に危険だ。

単純に考えて、その大口顧客との契約が切れた場合、会社の経営は立ち行かなくなる。

さらに、その会社からの仕事で自分の会社が回っている場合、その顧客の顔色を伺わざるを得なくなる。相手の言い値で仕事せざるを得なくなったり、無茶な短納期でも何とかしなくてはならなかったりする。要は、足元を見られて相手の都合がいいように扱われてしまうといった状況に陥りやすい。

そうならないためにも、取引先はある程度分散したほうがいい。言い方は悪いが**「この顧客との契約が切れても、何とかなる」という状況を作っておくこと。**これは経営者が考えるべきことだ。

大まかな割合としては、自社の売上構成比の20～25％を占める主要取引先が3～4社ほどあって、残りがそれ以外の取引先、という配分がベストだと私は考えている。とは言え、最初は主要取引先からの売上が7～8割を占めるという時期もあるかもしれない。

しかし、意識してその割合を変えることを考えるべきだ。そのためにも、営業活動は欠かせないのである。

ぜひとも、取引先を増やすことを営業の目標に入れてもらいたい。

営業力を磨く「三種の神器」

起業家にとって、営業が大事なのはご理解いただけたと思う。

では、どうしたら営業力を磨くことができるのか。

私は営業力アップに必要不可欠な「三種の神器」があると思っている。この三種の神器について説明していこう。

①明るさと清潔感

「そんなことか」と拍子抜けに感じるかもしれないが、営業力を磨くためには「明るさ」と「清潔感」が絶対に必要である。逆に、この二つがない人はどんなに努力をしても営業力を高めることはできない、と断言できる。

まず「明るさ」。「虫も人も明るいところに寄ってくる」と言うが、まさにその通り。

暗いところに人は集まらない。

営業はどれだけ人と会い、自分を知ってもらうかがまずは勝負になるため、人を寄せ付けない雰囲気でいることが、プラスに働くことはない。

自分がどれだけ辛く、苦しい状況にあったとしても、努めて明るく、笑顔でいること。それだけでも人はあなたに好印象を持つ。人に好かれる、最低限嫌われない人間でないと、営業力を磨くこともできない。

次に「清潔感」だが、これは言い換えるならば「相手に違和感を感じさせないこと」とも言える。営業パーソンが頭ボサボサ、スーツやシャツ、ネクタイがヨレヨレ、小汚いカバンを持って現れたら、あなたはどう思うだろうか。決して好印象を持つことはないだろう。

一方、いくら新品のきれいな服を着ていたとしても、若い男が全身ハイブランドを身に着けて来たらどうだろう。これもまた、あまりいい印象にはつながらないはずだ。

これが、私が言いたい「清潔感」であり「違和感」だ。決して高級なもの、高価なものを身につけろと言いたいのではない。最低限、相手に不快感を与えないもの、違和感を覚えさせない身だしなみを意識するべきである。

服装のことをアレコレ考えるのが大変なら、吊るしでかまわないからオーソドックスなスーツとシャツ、そしてネクタイを3セットほど揃えて、ローテーションで着回せばいいだろう。

もちろん、シャツは一度着たら洗濯してアイロンを掛ける。面倒ならクリーニングに出すなり何なりして、相手に不快感を与えないことを心掛けるべきだ。

②相手の話をよく聞き、相手のことをよく知る

「相手の話をよく聞く」ことについては、先に説明した通りである。人は、自分の話を聞いてくれる人のことを信用するし、そういう人の話なら聞く気になるものだ。相手の話を聞いていると、いずれ入口は開く。裏を返せば、相手の話を聞かない人はいつまで経っても商談のスタートラインに立てないと覚えておいてほしい。

営業は売り込みではない。「こんな商品がありますよ」ではなく「何かお困りのことはないですか?」と、相手の相談に乗るところから始めなければ前に進まない。相

手から「この人は話を聞いてくれる人だ」と認識された時に初めて、相手が心を開いてくれるチャンスが生まれる。それまでは相手の話に耳を傾けることに専念しよう。

そして、調べられる限り相手のことを調べておくことも重要だ。相手の話を聞くことが最も重要ではあるが、加えてこちらが相手のことをある程度知っていれば話を引き出しやすくなる。

「今日もいい天気ですね」と話しかけるのと「社長、最近ゴルフの調子はどうですか」と相手の趣味や好きなものの話から入るのとでは、相手の食いつきが違うのは明らかだろう。相手も「この人は調べてきているな」と思うから、信用も得やすくなる。

営業をかけようという会社の社長とアポがとれた場合などは、徹底的に相手の会社や、社長のことなどを調べ尽くしておく。そうすると、会話は弾みやすいし、相手からも興味を持ってもらえるきっかけになる。

「営業力」と聞くと「センス」や「才能」あるいは「向き・不向き」があるように感じるかもしれない。

もちろん、そういったものも多少はあるが、センスがなくても、営業向きの性格でないとしても、できることはいくらでもある。

③打てる手は全て打つ

現代は、ある意味では恵まれた時代である。一昔前は「営業ツール」と言ったら飛び込みか、テレアポしかなかった。しかし今は、ＳＮＳもあればホームページもあり、そこまで大きな資金を投じなくても広告を打つことができる。

だからこそ「打てる手は全て打つ」ことが重要である。営業の原理原則は「どれだけ知ってもらうか」。だとするならば、**潜在顧客に知ってもらえる努力はできる限りしたほうがいい。**

特に私が「これはやったほうがいい」と思うのはテレアポである。最近の営業パーソンはテレアポをしない。あるいは、やっても1日40〜50件しかしない。もし営業力を磨きたいと真剣に思うのならば、ぜひ1日１００件はテレアポをしてみてほしい。

私が経営を見ている会社の営業アシスタントが、自らテレアポをし始めた。しかも、１日１００件かけると言う。偉いなと思って見ていたら「中村さん、今日もアポがとれました」とか「今週は何件受注がありました」と報告が上がってくるようになった。

1日に100件電話をするだけでも大変だ。しかも、100件に電話をするためには、そのリストも用意しなくてはならない。そこまで労力を使えないと思う人もいるだろう。

もし、リストを用意するのが大変なら、飛び込み営業をやってみてほしい。

飛び込み営業は逆に今の時代、成約率が高かったりする。理由は、テレアポなど他の営業手法よりも、担当者にダイレクトに接触できる確率が高いからだ。むしろ成約率が高いので、これを主な営業活動としている業種もある。昭和的営業だと笑うかもしれないが、効果は決して侮れるものではない。

これを毎日繰り返していれば、数件のアポは確実にとれるし、そこから新規の仕事につながることも間違いない。

「テレアポでとれるアポや契約なんて、たいしたもんじゃないだろう」と思っている人も中にはいるかもしれないが、そんなことはない。テレアポから新規受注につながり、その顧客が大ハネして自社の主要取引先になった、という例を私はいくつも見てきている。

やらない理由を探すより、**やれることはやってみてその結果を確認する。これが経営の鉄則**だ。

さらに、万が一アポがとれない、売上が上がらないとしても、こういった努力や経験は、確実に糧になる。

「どう話せば聞いてもらえるか」

「どうしたら、相手の懐に飛び込めるか」

こういったことを考えながらテレアポをしていると、自ずと会話が磨かれてくる。スポーツと同じで、繰り返しトレーニングをすることでしか身につかない能力というものが存在する。営業においても当然そうで、やれることをやらない限りは、営業力が身につくはずがない。

さらに今はメールも、ダイレクトメッセージもいろいろな手段があるから、できる限りの手を尽くしてみる。営業が「できる・できない」とか「得意・不得意」よりも、できることを「やるか・やらないか」のほうがより重要である。

勝つのは「行動の工数」が多い人

「テレアポやメール営業をすればいいなんて、当たり前じゃないか」と思う人もいるだろう。

しかし、実は「当たり前のことを当たり前にやる」ことが、成功への最大の近道だ。

もちろん、うまくいかないこともあるだろう。だが、その「うまくいかなかった経験」が重要なのだ。まずは数をこなして、うまくいかないこと、悪いこともたくさん経験する。

そうすると、人間的にも成長する。営業力も「こういう時は、こうしたほうがいい」とか「このタイミングで動くのはダメだ」と肌感覚でつかめるようになってくる。

結局、行動の工数が多い人が勝ち、成功する。そのように世の中はできているのだ。

日々努力をし、行動の工数を重ねることで、自分の「魂」も磨かれていく。ちょっとやそっとの辛いことでは、へこたれない強さが身についてくる。経営者にとって、これはとても大切な資質だと私は思っている。

あるいは見方を変えれば、当たり前のことを当たり前にコツコツやっていれば、お天道さまや神さまは必ず見ている。そういう人を、悪いようにはしない、とも言える。

第1章でも述べた通り、経営者にとって必要なことの一つに「運がいいこと」がある。運は生まれ持ったものももちろんあるが、自分がどう生きるか、どう動くかによって変わるものでもある、と私は信じている。

だからこそ自分ができるだけのことをやって、後は運を天に任せる。人事を尽くして天命を待つ、ということも経営者には必要な考えだと私は思っている。

逆に言えば、できることを全てしていないのに「自分はツイてない」とか「営業に向いていない」「経営がうまくいかない」と泣き言を言うのは経営者失格ということだ。

できるだけのことをやれば、必ず道は開ける。これは、営業に関しても、会社経営に関しても、さらには人生を送る上でも大切な原則ではないかと私は考えている。

コラム4：起業で準備するもの④（税理士など専門家）

起業する、あるいは会社経営を進めていく上で「税務関係は全て税理士に任せたい」と考える人は多いだろう。

その場合、もちろんある程度は任せていいと思う。ただ「全任する」言い換えれば「丸投げする」のはＮＧだと肝に銘じておこう。

会社内で数字を管理し、自社の経営に活用するためにまとめる「管理会計」や、株主や借入先の金融機関など、利害関係者に情報開示を行ったり、税金の計算や申告のために行う「税務会計」については最低限、学んでおくべきだろう。

経営者の仕事は「数字を作ること」でもある。本書の中で紹介している「あえて投資をして利益を小さくする」といった経営上の戦略は、税理士が考えてくれるものではない。

また、事業のことをわかっていない税理士に税務計算などを任せると、単純に「仕分け」をミスる場合もあるので要注意だ。こういったことも、自分が税務会計の知識を学んでおけば防げることである。

とはいえ、プロの税理士に税務を依頼することは、大きなメリットもある。ただし、先ほども述べた通り、自社特有の環境や状況などもあるため、自分でもその正誤を確認できる程度の知識は身につけておくことが必要最低条件だと考えてほしい。

税理士の選び方としては、基本的には自分と気が合う、あるいは話が合う人のほうが間違いなくいい。

経営戦略上の「数字を作る」ということを考えると、あまり考え方が「カタすぎる」人は避けたほうがいいが、逆に「緩すぎる」人も危険である。こちらの話をきちんと聞いてくれ、必要なアドバイスや提案をしてくれる「ちゃんと話ができる人」を選ぶようにするのがいいだろう。

第5章

起業家が知るべき「組織運営力」

どんな人と組んで起業を進めるか？

先にも書いたが、会社の「社長」になるのは「部長」になるよりも簡単である。会社を登記して「私が社長です」と言えば、明日にでもすぐ社長になることはできる。だから、一人親方で社長になる人は多い。そしてこれは、必ずしも悪いことではない。かなり辛口な話になるが、今や人を雇うことは「リスク」になりつつある。本当に人材に関する悩みは深刻さを増す一方だ。

私は30年以上にわたって会社経営をし、当然多くの社員と共に仕事をしてきた。その中で、近年私が特に感じるのは「責任感」と「ハングリーさ」が欠けた人材が増えてしまったということだ。

以前は、自分が任された仕事を「何としてでもやり抜く」というのは当たり前のことだった。

しかし、最近は大切な仕事を抱えていても「熱が出たので休みます」と平気で言う人がほとんどだ。

また、昔は自分の仕事で成果を出すために昼夜問わずに働くことが普通だったが、最近は国が率先して労働時間を規制し、とにかく働かないようにしている。

これは個々人の考え方が変化してきたことに加え、「働きすぎはよくない」とか「従業員を働かせすぎるのはブラック企業」といった時代の風潮もあるだろう。

その結果、仕事で結果を出さなくても給料はもらえる、いい加減にやってもかまわない……。こういった集中力がないというか、本気度が低い人が増えてしまった印象がある。

とは言え、1人では動ける範囲もたかが知れている。当然ながら1人よりも2人、2人よりも3人で前向きな意見を出し合い、営業活動を手分けするなどして事業を拡大していくことができれば、会社の成長スピードは当然速くなる。

また、業種や業態によってどうしても1人では成立しないものもある。

例えば、飲食店やサービス業、派遣会社などを1人で運営するのは非常に難しい。

となれば、必ずしも1人で起業をすることが絶対に正しいとも言い切れない。

では、どんな人と一緒に組んで起業するのがいいか。これは大きく2パターンあると私は考えている。

一つは自分が不得意な分野をこなしてくれるパートナーと組むこと。もう一つは、自分が全て指示を出し、パートナーが現場監督のような形で仕切っていく形である。

これは、どちらがいいとも悪いとも言えない。自分と相手との相性もあるし、ビジネスモデルや業種・業態によっても異なる。

では、どんな人と組めばいいのだろうか。

こればかりは「正直わからない」としか言いようがない。よく仲間内で起業して空中分解するといった話を聞く。パートナーとの起業がうまくいくかいかないかは、はっきり言って「運」である。

ただ、一つだけ意識したほうがいいことを挙げるならば**「パートナーを信用しすぎないこと」**だ。

これまでにも何度か書いてきたが、経営者は孤独な生き物だ。何が起きても自分が責任をとる、という覚悟をしておく必要がある。

つまり、自分以外の誰かが失敗したり、やらかしたり、あるいは自分を裏切ったとしても、その責任は全て自分でとるしかないのだ。

パートナーを信用しすぎるから、だまされたり裏切られたりするのだ。実は、怪しい兆候が見られる時は周りから「あの人、大丈夫？」とか「本当に信頼できる？」と忠告が入る場合が多い。

ところが、自分がパートナーを信じていると「いや、アイツに限ってオレを裏切るようなことはしない」と思い込んでしまい、その忠告が耳に入らない……ということが起こる。客観的に物事を見られなくなる傾向が往々にしてあるのだ。

そういう意味では、恋愛とよく似ているかもしれない。熱くなりすぎると、周りが見えなくなってしまう。客観的に見ると「おかしくないか？」と思うようなことでも、自分は「絶対に大丈夫」と大した根拠もないのに信じ込んでしまう。

会社経営においては、信じられるのは「自分だけ」というくらい強い意志と責任感

を持っておくべきだと私は考えている。「いい人」あるいは「いい人でいたい人」は、
はっきり言って経営者には向いていない。

経営者は時に「冷たい」「ドライ」と言われるくらいが「ちょうどいい」こともある。
そして、誰に何を言われようと、自分が判断する。自分が舵取りをするという責任感
を持つことが重要である。

だから、経営者は孤独である。その孤独に耐えられない人は、経営者になることは
あきらめたほうがいい。

人脈・ご縁は「宝」だと肝に銘じるべし

どうやって自分が必要とする人材と出会うのか。

これもまた「運」としか言いようがない。何でも運で片付けるなと言いたくなるかもしれないが、特に人とのご縁は「運」以外にどうしようもない部分が大きいと私は思っている。

ただ、私は幸いにして、今まで「こういう人と出会いたい」「こういう人を採用したい」と願った人と確実に巡り合うことができている。それはなぜかを分析してみると「口に出して人に話している」からだと思う。

もちろん求人サイトを使ったり、広告をたくさん打ったりするのもいいだろう。

しかし、その広告を見てどういう人が応募してくるかは未知数である。

また、その条件にピッタリな人材が来てくれたとしても、自分とその人の相性が悪くてうまくいかない……ということはよくあることだ。

私も、以前は求人サイトを使って人材を募集したことがある。しかし、10人募集があったとしても、こちらの希望に合う人材はそのうち一人見つかればラッキー、くらいの確率である。

一方で、人に会った時に「こういう人を探している」「こんな人を採用したいと思っている」と話していると「中村さん、前に話していた◯◯な人がいるから、紹介しましょうか」と誰かが声をかけてくれる。こういうご縁で知り合った方は7割方、私が求めているピッタリの人材で、かつ相性も合うことがほとんどだ。しかも、半年〜1年くらいの間で見つかることが多い。

考えてみれば、求人サイト等を使って自力で人材を探そう、採用しようとするから失敗するのである。なぜなら、そこには自分からの目線しかないからである。

一方で、誰かの紹介で採用する場合、その紹介者が両者を見て「この人とこの人なら、うまくやれるだろう」と考えて紹介してくださるので、うまくいく確率が高い。こういう人を介しての出会いは、経営の醍醐味とも言える。

起業初期は大いにビジョンを語れ

私は起業初期の経営者ほど「ビジョン」や「夢」を語るべきだと考えている。なぜなら、新しい会社には良くも悪くも「実績」がないからだ。経営者が示せるのは、未来に向けたビジョンや夢だけである。

ソフトバンクを創業した孫正義さんの『ミカン箱の演説』をご存じだろうか。

創業したばかりのソフトバンクは主要な事業も定まらず、売上もまったくと言っていいほどない状態だったという。

そんな状態で孫さんはミカン箱をひっくり返してその上に乗り「売上高を5年で100億、10年で500億円にする」「いずれは売上高を豆腐のように1丁（兆）、2丁（兆）と数えるようにする」と、未来に向けた構想をぶち上げたという逸話である。

創業当初は、それくらい強烈な「リーダーシップ」と、大げさすぎるほどの「ビジョン」を掲げて突き進むことも大事だ。

起業初期であれば特に、人を動かし、仕事に邁進させるのは「想い」であることが多い。

「この社長のために頑張る」

「このビジョンを共に実現したい」

こういう想いを持った賛同者や社員が集まってくれれば、その会社は売上が立ち、きっと軌道に乗る。

そのためにも、大きなビジョンと夢を描いて、多くの人に伝えていくことを心がけてほしい。

ただし、ビジョンや夢を語ることで社員を動かせるのは、せいぜい売上高が3～5億円規模までだと考えておいたほうがいい。それくらいの売上規模にまで成長してくると、今度は「組織論」がどうしても必要になる。

経営者1人のビジョンや夢を語って社員を動かすのではなく「組織としてどう仕事をするのか」「どのように売上を立てていくか」といったプランニングが必要になっ

てくる。

さらに、ある程度の事業規模になってくると、経営者がビジョンや夢を語り「もっと頑張ろう」と社員に呼び掛けることが「パワハラ」と言われかねないご時世である。非常にセンシティブな問題なので、注意を払わなければならない。

だから、売上高が3~5億円くらいの規模まで来たら、ビジョンや夢を語るよりもしっかりと「仕組み」を作って社員を動かすことを考えてほしい。

逆に言えば、そのくらいの規模になるまではビジョンや夢を語っていこう。具体的にどうビジョンや夢を描くのか、次の項目を参考にしてもらえればと思う。

私の「想い」は日本の構造的問題を変えること

せっかくなので、なぜ私がこれだけ積極的にM&Aを推進し、またこの本を通じて起業家や経営者を育てたいと思っているかについて伝えたいと思う。今しばらくお付き合いいいただきたい。

現在、日本には178万を超える会社があると言われている。そのほとんどが売上高10億円以下のいわゆる「中小企業」である。

今、こうした中小企業が置かれている環境は極めて厳しい。運転資金や人手の不足に加え、後継者問題に直面する会社も増えてきている。せっかく事業を続けてきたのに、後継がいないために廃業せざるを得ないという会社も数多くある。

一方で、「こうした中小企業の価値は計り知れないものがある」と私は常々思っている。日本経済を支えているのは大企業ではなく、間違いなく中小企業である。

こうした企業が倒産・廃業していくことは日本経済の衰退に直結すると、私は真剣に考えている。

だからこそ私は企業価値が高く、ちょっとした支援さえあれば事業再生の可能性がある会社をM＆Aし、再建することを行っている。優良な中小企業の売上高が一社あたり10億円だとしても、そういった会社が１００社あれば、１０００億円規模の企業グループを作ることができる。そうすれば、大企業と互角に渡り合ってビジネスを進めていくことができる。

私は中小企業の経営者と共に、こういう「ビジョン」や「夢」を追いかけたいと思っている。そのためにはより多くの仲間を集めなければならないし、場合によっては長年経営を続けてきた社長に代わって新しい経営者を送り込んで事業承継し、企業を存続させることが必要な場合が出てくるだろう。

となれば、しっかりと会社経営ができる「経営者マインド」を持った人材を育てることも急務だと言える。

こうしたビジネスモデルが確立できれば、大企業が中小企業に低コストで仕事を振ってオイシイ思いをし、下請け業者だけが苦しむという構造を脱却し、本当に力のある中小企業が正当な評価を受けられる社会が実現できる。

今の日本はいわば大きな「構造的な問題」を抱えている。私はその問題を、ビジネスを通じて解決したいと考えているのである。

以上が、私の「想い」である。思いは思いのままにせず、どんどん語ってほしい。そしてどんどん実行に移してほしい。

「想い」と「情熱」が人を動かす

「有言実行」という言葉がある。自分が言ったことを行動に移すという意味である。自分の想いを発信することにもう一つ、大きな意味があるとすれば**「口に出したことが現実になる」**ということだろう。

私自身の話を例に挙げよう。

私は現在、物流会社を上場会社の子会社化するというビジネススキームを立ち上げ、実際に動かしている。多くの物流会社は中小企業で、資金力や人材の確保に苦労していることが多い。

一方、上場会社は独自の物流網を確立したいと思うものの、物流に関する知識もなければ、ノウハウも乏しいことがほとんどだ。だから、私が中小の物流会社と上場企業をマッチングして、物流会社を上場企業の子会社にしてもらう。

物流会社としては上場企業の資金力や信用力で資金調達やリクルーティングがしやすくなる。上場企業側としては独自の物流システムを確保でき、それが結果として株価上昇につなげられる可能性もある。お互いにとってメリットが多い仕組みになっているのだ。

このように、上場企業の力を借りることで中小企業がさらに発展・成長していく未来を私は見ている。当然、上場企業側にとっても魅力的な提案になる。

そして、私はこういった「ビジョン」や「想い」を対外的に積極的に発信する。それこそ、ゴルフで一緒になった社長に話すこともあれば、会社の代表が集まるような会合で話題にすることもある。

私はこのビジネスを通じて、日本の中小企業がもっと輝き、もっと発展できると確信しているし、そのためにこの仕組みをより多くの人に知ってもらい、広めたいと思っている。

だから、話していると自然と熱がこもる。そうすると、自然と「中村さん、その話、もう少し詳しく聞かせてもらえませんか」という人が必ず現れる。

「熱意」や「情熱」は人を動かす原点だ。そして、その事業や活動に「想い」があるからこそ、起業家は安定した会社員人生を離れ、あるいは「経営者保証」という経済的なリスクを背負ってまで事業を立ち上げるのだ。

だからこそ、自分がなぜこの事業に取り組みたいのか、この事業を通じてどういった世の中にしたいのか、といった「ビジョン」は大いに語ったほうがいいと私は考えている。

ただし、本当に大切なことは「有言実行」だ。言ったらやる。これがなければ、すぐに信用を失うことになる。

経営者は「現場に入るべからず」

「どんな会社・組織を作りたいか」については、皆さんそれぞれに理想があるはずなので、とやかく言うつもりはない。

ただ「経営者はできるだけ現場に入らないほうがいい」ということだけは、書いておきたいと思う。

一人親方でやっている会社は当然として、ある程度従業員を雇っている会社の経営者でも、自分が現場に立って仕事をする機会が多い、という人がいる。もちろん、それは個々人のポリシーや考え方があるから否定はできない。

当然、自分が現場に出れば、その分の人件費は浮くし、その道のプロとしてずっと仕事をしてきたはずなので、お客さまに喜んでもらえるだろう。自分が現場に出たほうが正直儲かる、と思っている経営者も多いはずだ。

しかし、それでは会社を大きくすることは難しくなってくる。

会社経営とは、現場だけでできるものではない。

・先を見通して何を準備し、どう行動するか
・日繰り表を見て資金繰りを確認する
・営業活動の人脈作りをする、など

いわゆる「現場仕事」ではない仕事に時間を使えるようにすることが大切だ。

だから、本来であれば経営者が顧客からの電話対応で東奔西走、四苦八苦するような状況は避けなければならない。顧客対応はもちろん大切だし、そこから新しいビジネスが生まれることもあるが、多くの場合は「次につながる」というよりは「問題を解決する」ことに集中せざるを得なくなる。

経営者は常に前を向いて、会社の成長を目指せるように組織を整えることが重要だと私は考えている。

もし、あなたが「人件費を支払うのが嫌だ」「お金を外に出したくない」と思うのならば、親族経営を選ぶのも一つの手だ。他人を雇って給与を払えば、当然お金は外に出ていくことになる。

一方、身内で主要なポストを固めて親族経営をすれば、はっきり言って儲けは大きくなる。なぜなら、お金が外に出ないからだ。家族で会社を「財布代わり」に使えて、ある意味やりたい放題ではある。中小企業の7~8割はこういう経営をしているだろう。

ただ、その会社で働く従業員たちはどうか。はっきり言って、恵まれない環境で仕事をすることになる。私は、そういう会社を作りたいとは思わなかった。

少々話が脱線したが、経営者なら現場から卒業することも考える必要がある。そのことも頭に入れておいてほしい。

親族経営の会社は大きくならない

あわせて書いておきたいのだが、親族経営企業の多くが中小・零細企業である。まれに何百億円規模の会社になることもあるが、これはまれなケース。親族経営は基本的に事業規模が大きくならないというのが、私が長年経営を見てきた実感である。

ちなみに、なぜ私が「親族経営の会社は大きくならない」と考えているかの理由を説明しよう。

親族経営では「お金が他人に流れないこと」が一番の目的になりがちである。また、家族に何らかの役職を持たせ、給与や報酬を渡して豊かな生活ができるようにする。このこと自体は、私も決して悪いことだとは思わない。

ただ、当然、従業員が不満を持つような給与体系だったり、親族が権力を使って社員を抑え込んでしまったりするようなことがあると、会社経営は成り立たなくなる。

そして、親族経営の会社ではこういうケースが非常に多く見受けられる。

実際、親族経営の幹部たちが自分たちだけいい思いをして従業員には全く還元しないという話は、残念ながら至る所でよく聞く。おそらく、今後も無くなることはないだろう。世の中の中小企業のほとんどが親族経営であり、それに対して蚊帳の外からとやかく言えないのが現実だからだ。

親族経営においては「会社＝家族の財布」という側面が強くある。社員がこの状況に対して文句があるならば、独立するか、その会社で社長にモノが言えるくらいの実力＝売上・稼ぎを上げて、自分もその利益を平等に受け取る権利がある、と主張するくらいしか道はないだろう。厳しいようだが、居酒屋でグチグチ不平不満を垂れ流しても意味がないのである。

私は長年、運送業界で仕事をしてきたが、運送業のほとんどが親族経営である。もちろん、いろいろな会社があるとは思うが、それなりに親族経営の「内側」を見てきた私からすると、経営者が儲けるために従業員を奴隷にするようなケースもあった。

私の妻からは冗談半分に「どうして他の人たちはあんなに儲けているのに、ウチはこんなにお金がないんだ」と言われることもある（笑）。実際、親族経営にしたほうが経営者の実入りは確実によくなる。しかし、私はそれを選びたくなかった、ということだ。

これは本書の中でも繰り返し書いているが、何が「正しい」か「間違い」か、というものは、特に経営においては存在しない。法律に抵触しなければ、あるいは契約書に書いてある内容を反故にするようなことがなければ、何を選択してもかまわない。

自分が会社を経営する上で、どういうスタイルを目指したいか。どんな会社を作りたいのか。その会社を通じて、社会にどう貢献していきたいのか。そういったことをベースに組織作りを進めていくのがいいだろう。

組織作りの「残念な真実」

「一緒に起業する仲間とツートップ、スリートップで経営をしたい」

「みんなで議論しあって、みんなで会社の舵取りを決めていきたい」

起業の準備段階においては、こういった理想を掲げる経営者予備軍の人も多くいる。

もちろん、そういう考え方自体は否定しない。しかし、「組織として最も『強い』のはどういう組織か」と問われたら、迷わず「ピラミッド型のワンマン経営」だと答えるだろう。

「みんなで議論する」「みんなで決める」というスタイルは、理想的に感じられるかもしれない。

だが「みんなで決める」というやり方をしていると、物事が前に進まないというジレンマが起こる。

経営は瞬時の判断が求められる仕事である。目の前にチャンスが来ていて、いま動かなければつかめないという時に「みんなと相談して決めます」では、とうてい間に合わない。

残念ながら、「ピラミッド型のワンマン経営」のスピード感にかなわないのだ。

そのため、多くの優れた経営者は新卒採用に最も力を入れている。新卒採用で入社した社員は社会人経験がないので、中途社員より社長の考えや言うことを素直に受け取ってもらいやすい。

ある意味、自分の手足になって働いてくれる人をたくさん作りたい場合は、新卒採用に力を入れ、マニュアルを整備してそれを遵守させるのが手っ取り早い方法とも言える。

ただし、新卒で採用した社員は、一人前になるまでに最低でも2~4年はかかる。リターンが返ってくるまではかなり気長な投資をしなくてはならない。大企業では、一度に何百人、場合によっては1000人近く新卒採用を行う場合もある。しかも、その多くが1年以内に辞めてしまうといったことすらある。

それでも、残ったメンバーは会社の方針や考え方を理解し、会社の方向性に沿って動いてくれるメンバーに育っているわけだ。


と、ここまで書いてきたが、正直に告白すると、私自身はあまり新卒採用を重視してこなかった。

私はどちらかと言うとその人自身を尊重して、その人が動きやすいように、働きやすいように考えて仕事を振るタイプなので、大量に新卒を採用して、マニュアルに当てはめて……というやり方を好まなかったのもある。私自身が業務のマニュアル化が苦手だったから、というのも理由の一つかもしれない。

自分で新しく会社を立ち上げて、その会社を大きくしていこうと考えるのであれば、最初からマニュアルをしっかりと作り、ルールを徹底して、その組織にピッタリと当てはまる人材を新卒で採用するほうが効率的かもしれないと思い始めている。

たしかに、「ピラミッド型のワンマン経営」と言うと、聞こえは悪いかもしれないが、それほど早く判断して行動に移せる組織を作っていくことが大事なのだ。

組織作りに絶対的な正解はない

「ピラミッド型のワンマン経営」の話をしたが、それが組織作りで絶対的な正解かと言うとそうではない。

たとえば、あなたが既存の会社に入社するなり、その会社を買収するなりして、その会社の経営を行おうと考える場合は、現在行っている会社のやり方や、社員の考え方などを尊重しなければうまくいかない。

その会社にはその会社なりに、それまで築いてきた歴史や伝統、スタイルというものがある。それに対して外部からやってきた人が「ああしろ、こうしろ」というのは、もともとその会社で働いてきた人にとっては非常にイヤなものである。そのため、無用の反発を生みかねない。

もちろん、あまりに非効率すぎる、あるいは無意味な慣習や仕事の進め方は改めるべきだろうが、それも様子を見ながら進めていく必要がある。

このあたりは非常に難しいところで**「こうすればいい」とか「こうすれば、どんな会社でも、どんな状況でもうまくいく」という経営手法はあり得ない。**その会社の状況に合わせて臨機応変に対応することが必要だ。

ただ、一つだけ言えることは「社員の言いなりになりすぎない」ことは、経営者として絶対に必要なことである。社員に動いてほしいから、言い方を選ばずに言えば「社員のご機嫌をとる」ような社長は、必ず会社を潰す。

仕事に関しては特に「いいことはいい」「ダメなことはダメ」とはっきり言うことが大切だ。

また、無理に社員との関係を悪くする必要はないが「馴れ合い」にならないことは絶対に意識するべきである。

いずれにしても、会社に合わせて臨機応変に対応する柔軟さは持っておいてほしいところだ。

「経営者は孤独である」の真意

私の場合、会社にいる間は社員とペラペラ話すことはない。だが、常に社員がどんな話をしているか、には耳を傾けている。

そして、事実と違うことや、思い違いをしている時には、たまに指摘する。そうすると社員は「話を聞かれている」とか「変なことを言うと怒られる」といい意味で「怖がる」ようになる。

これはあくまで私のスタイルで、社員と和気あいあいと仕事をしたい人もいるだろう。それはそれで、もちろん個人の自由である。

ただし、**起業したての時期は特に経営者の「カリスマ性」は重要だ**と私は考えている。「社員の話を聞いてくれるいい社長」よりも「怖いし、何を考えているかわからないが、時々優しいこともある社長」くらいのほうが、社員に対する影響力が出せるのではないか、と思っている。

また、私の場合は「過激なこと」や「人が空気を読んで言わないこと」を敢えて口にするようにしている。「私は昭和の人だから」というフレーズを、最近は便利な枕詞として使わせてもらっている。

特に、起業初期から、何人かで事業を立ち上げていく段階にかけては、言い方は悪いが「ブラック企業」的な働き方をせざるを得ないケースも出てくる。

そういう時、社長は社員に「いい顔」ばかりしていられない。だから厳しいこと、過激なことを言って社員を奮い立たせることもある。社長が憎まれ役になって会社がうまく回るのであれば、安いものだと私は考えているのである。

ここまで書いてきた通り、経営者は「孤独」であり、自分で会社の方向性を指し示し、失敗すれば自分でその責任を負わなければならない立場である。「経営者保証」という慣習もなくなりきってはいない現状も考えると、経済的なリスクを個人として引き受けざるを得ないというケースもまだまだある。

だからこそ、本書の冒頭で書いた通り「悪いこと言わないから、起業はやめておけ」

と私は心の底から、本心で思っているのである。

そうは言っても、会社経営が辛く、苦しいだけで何のメリットも喜びも楽しみもないかと言えば、そんなことはない。

一人で責任をとる、自分で全て決める、孤独であることを恐れないという「覚悟」さえできれば、会社経営を通じて社会に対して大きなインパクトを与えることができる、素晴らしい役割であるとも言える。

最終章にあたる第6章では、起業をまったく勧めない私が「この方法なら、起業してみるのもアリではないか」と思える「ソフトM&A」モデルの起業スタイルを紹介していく。

ただし、このスタイルで起業して成功できるのは、あくまで「経営力」がある人に限られる。もし、あなたが自分自身を顧みて「経営力がない」と思うのならば、悪いことは言わないから、引き続き会社に勤めて、給料をもらって生きていくことを勧めたい。

ただ、もしあなたが「自分には経営力がある」と感じるのだとすれば、一度「ソフトM&A」モデルの起業を検討してみるのもいいだろう。

コラム5：起業で準備するもの⑤（事務所）

「起業するにあたって、新たに事務所を借りることにした」

こういう話を聞くと、私は「この人のビジネスは、おそらく長続きしないだろう……」と思ってしまう。

これはあくまで私の考え方だが、起業する際に立派な事務所など構える必要は全くない。飲食店やサロンといった「店舗ビジネス」であれば話は別だが、自分が仕事をするための場所にカネをかけるのは、私に言わせれば「ムダ」の一言だ。

実際、私は知人が経営する会社の机を2つだけ借り、そこを事務所として創業した。言い方は悪いかもしれないが、顧客にとって「事務所の所在地がどこか」さらに言うなら「事務所があるかないか」など、大した問題ではない。

もちろん、個人の考え方だから好きにすればいいが、そんなことよりも、もっとカネを回すべきところがあるだろう、と私は思う。

事務所は1銭も利益を生み出さない。にもかかわらず、毎月定額の出費につながってしまう。それこそ日繰り表を見れば、どれだけ事務所にカネを使うことがムダか、すぐに気付くはずである。

特に今の時代は、携帯電話さえあれば自分がどこにいようと連絡がつく。郵便物やFAXで資料や書類をやりとりする時代でもなくなっていることを考えれば、特に起業初期において事務所を構えることは「大いなるムダ」だと私は考えている。

ある程度複数の会社を経営している今の私ですら、事務所に座って仕事をする時間はさほどない。車で移動することが多いから、車の中が事務所のようなものだと言えるかもしれない。

第6章

経営力のある人に勧めたい「起業のカタチ」

「経営力」があるかないかを見分ける方法

第6章では経営力のある人向けに「ソフトM&A」モデルを用いた起業のやり方について書いていく。

その前に、私が考える「経営力」とはどういったものかを、最初に明確にしておこう。私が「経営力のある人」として真っ先に思いつくのは「数字から物事を見られるかどうか」である。

「数字から物事を見る」というと抽象的に聞こえるかもしれないが、難しいことではない。私に言わせれば「足し算・引き算ができるかどうか」に近い。「文系か理系か」などといったこととも全く関係がないから、数字が苦手という人も安心してほしい。理系バリバリであるはずの技術者の中にも「数字から物事を見る」ことができない人はいる。むしろ多いとすら感じる。

数字から物事を見る力を養うトレーニングとして、日繰り表を確認する作業をここでもオススメしたい。

いつ、どこから入金があり、いつどこに出金があるのかを3か月先まで把握しておけば、「支払い前日なのに残高が足りない」といった事態に陥らなくなる。

日繰り表で入出金をある程度先まで見越しておくことで「自分が今、どう動くべきか」もわかる。ある程度資金に余裕があるから研究開発に時間を割けるのか、あるいは来月の売上を立てるために、営業活動に力を入れるべきかという判断がつく。

これは特に技術畑出身の経営者に多いのだが「いいモノ、品質の高い製品さえ作っていれば、必ず成功できる」と思っている人がいる。

先述したが、これは時代遅れとも言えるし、間違った考え方だとも言える。極論を言えば「売れたもの」がいいモノであって、お客さまのニーズに合ったモノだ。

日繰り表を確認して、入出金のバランスが悪いのだとすれば、それは自社の経営がどこかで歪んでいるからだ。

「いいモノを作っているはずなのに売れない」というのは、自分勝手な思い込みであって「売れていない」というのが現実である。それは「売上」という数字になって表れる。

このように数字から物事を見れば、経営判断を間違えなくなる。「いいモノを作ってさえいれば売れる」といった考え方や感覚に振り回されることはなくなるだろう。これが私の考える「数字から物事を見られるかどうか」である。

経営力のある人の条件、２つ目は「感情的にならない人」だ。

経営者に感情は必要ないと私は考えている。時にドライになれること、従業員や部下から嫌われることを厭わない人は、経営力があると言える。裏を返せば「人から嫌われたくない人」は、経営者には不向きである。

誤解してほしくないのは、「感情を押し殺したロボットのような人になれ」と言いたいわけではない。ただ、感情的になりやすい人は経営者に向かないことだけは、間違いないと言える。

会社経営をしていると、時に非情な判断を下さなくてはならないこともある。そういう時、感情豊かな人は冷静かつ必要な決断を下せないケースが多々ある。「いい人」

であることは悪いことではないが、経営者は必ずしも「いい人」で居続けられないのも現実だ。

経営力のある人の条件として「コミュニケーション力が高いこと」も欠かせない要素である。「やたらと人付き合いがいい」とか「友だちが多い」という必要はない。人から嫌われない、嫌悪感を持たれないこと。これは最低条件として持っておくべきことである。

「会社経営」と「人から嫌われないこと」がどう関係するのかと訝しく思う人もいるだろう。

しかし、これは「営業力があるかどうか」という点に大きくつながってくる。

経営力のある人は、間違いなく「営業力がある人」である。人から嫌われる、嫌悪感を持たれる人に、営業力があると思うだろうか。万人から好かれなくてもかまわないから、せめて嫌われない程度のコミュニケーション力は身につけておきたいものだ。「人を動かす力」も、経営力を発揮する上では欠かせない。本書でも常々書いてきた通り、経営者は孤独な生き物である。

しかし、経営者1人で何から何まで全てできるわけではない。事業規模が大きくなればなるほど、人に任せなければならない部分が出てくる。

こうした時に、自分にできないこと、あるいは手が回らないことを人にやってもらう、その人を「その気にさせる」ことができる人こそ、高い経営力を持っていると私は考えている。

最後に「鈍感力があること」も経営力のある人の特徴として挙げておきたい。経営者は多くの人と関わる仕事でもある。人の言動に敏感すぎたり、粗を探したりしてしまう人は、自分も相手もしんどくなる。他人の言動が多少気になったとしても「まあ、そんなもんだろう」と冷静に見て、スルーできる人のほうが経営者には向いている。

ここまで書いてきた「経営力のある人」の特徴を挙げると、次のようになる。

・数字から物事を見られる
・感情的にならない

・コミュニケーション力が高い
・人から嫌われない
・営業力がある
・人を動かす力がある
・鈍感力を持っている

この項目にいくつ当てはまるかによって、あなたが「経営力のある人かどうか」がわかるだろう。

経営力のある人に勧めたい「ソフトM&A」モデル

あなたに「経営力」があるならば、ぜひ「ソフトM&A」モデルを用いた起業を勧めたい。「ソフトM&A」とは、後継者がいない中小企業を買収して、自分が経営者としてその会社に入るやり方である。

この起業スタイルのメリットは、その会社が持っている資産、例えば土地や従業員、技術力などをそのまま受け継ぐことができる点にある。

技術力があり、磨けば光るものを持っているにもかかわらず、資金不足や後継者がいないために事業をたたもうという会社は、近年少なくない。それなら、経営力があり、やる気もあるあなたが経営者として参画し、事業を立て直せば双方にとってメリットは大きいだろう。

あなたがゼロから会社を立ち上げ、販路の開拓をしたり、製品開発をするまでもなく、既にあるビジネスをブラッシュアップすればいいので効率的である。既存の顧客はもちろん、従業員も会社が倒産するよりも成長したほうが喜ばれるだろう。

一方、デメリットもある。一番大きいのは、初期投資にある程度の費用がかかることだ。順風満帆で資金にも困っていないような会社は引く手あまたで、個人がM&Aで買収できる市場には出てこない。多くの場合は運転資金もカツカツで、買収する側のこちらが金を工面しなくてはならないケースがほとんどだ。

初期投資にどれくらい必要かは、ケース・バイ・ケースなので一概に言うのは難しい。ただ、少なくても数百万単位、多ければ1000万単位が必要になるケースもある。私もこれまでにいくつか企業をM&Aで取得してきたが、会社の売値は「1円」でも、その後運転資金として会社に数百万円融資する、といったケースも多々ある。

ただし、こういった会社の多くは事業活動が正常化し、業績が改善してくれれば化けることが多い。投資した分を取り戻して、お釣りが来るくらいの収益を上げられることも少なくない。

重要なのは「自分と合う会社」を選ぶこと

「ソフトＭ＆Ａ」モデルで起業を目指す場合に最も大切なことは、会社とあなたとの相性である。

もちろん、ＰＬ・ＢＳがどうだとか、それこそ日繰り表で見た時の入出金のバランスがどうかとか、事業内容やビジネスモデルはどうだとか、そういったことも考える必要はある。

だが、私が思うにはそれ以上に「この人たちとなら、やっていける」とあなた自身が思えるかどうか。それが最も重要である。

どれだけＰＬ・ＢＳの状態がよく、将来性のある事業内容であったとしても、あなた自身が「この会社で自分の力を十二分に発揮できる」と心の底から思えないのだとしたら、その会社を買収して経営に参画することは避けるべきだ。

会社とは、極論を言えば「人の集まり」である。これはいい・悪いではなく、その会社にいる人たちと自分とが「合うか合わないか」によって、会社の命運は別れる。どれだけドライに、ビジネスライクに考えたとしても、自分と合わない人たちと仕事をして、いい仕事、いい経営はできないだろう。これが、私の持論である。

究極、経営とは「人」なのである。どれだけマーケティングがうまく行こうと、優れた製品を開発しようと、そこで働いている人が元気でなければ、会社は立ち行かなくなる。

逆に、その会社にいる人が元気になってくれれば、自ずとビジネスはうまくいく。

ちなみに、私もこれまでに数多くの会社をM＆Aで取得してきたが「自分とは合わない」と思う会社は一度も買収したことがない。そして、買収してきた会社は全て事業を再生し、しっかりと利益を生み出している。

会社で働く人が元気になると、会社全体に活気が出てくる。そうすると、新しいアイデアが生まれたり、行動量が増えたりする。それまで何年かにわたって事業を続けてきた会社であれば特に、一つ仕事の歯車が噛み合いだせば、事業が好転することはさほど難しいことではない。

精神論を語っているように思われるかもしれないが、これは私が30年以上、経営に携わってきて感じている「実感」である。

よく「金が一人でやってくることはない」という。金を連れてくるのは、いつの時代も「人」である。だから、人が元気になって、人が動き始めると、自ずとキャッシュも動き始める。そうなれば、事業を軌道に乗せることはたやすいのだ。

ソフトＭ＆Ａの進め方

具体的に私がどういう手法でソフトＭ＆Ａを手掛けているかを簡単に説明しよう。

私が手掛けるＭ＆Ａのほとんどは「資金がショートした」「仕事がない」「もう疲れたから辞めたい」「社員がいない」といった相談から始まることがほとんどである。

簡単に言えば「困った、助けてください」という会社からのＳＯＳを受け取っている……という感覚である。

「後継者がいない」とか「次の世代に会社を任せたい」といったキレイゴトの話ではなく、もう本当に「明日にでも会社が倒産してしまうかもしれない」といった会社からの相談ばかりだ。

なぜ、こういった会社からの相談が私のところに集まってくるのか。

それは他に手を出す人がほぼいないからである。今流行りのＭ＆Ａや事業承継を仲介する会社は、基本的に会社の売買で儲けることを目的としている。

言い方は過激かもしれないが、M&Aや事業承継を仲介する会社は、買い手をだましてでも会社を売りつけ、手数料をとることをゴールとしているため、「企業を助ける」という発想を基本的に持ち合わせていない。いくら事業再生に見込みがあったとしても「明日にも潰れそうな会社」を存続させるために動くことはない。

一方で、今最も数が多く、また支援を必要としているのが、運転資金が乏しいだけで、技術力や営業力がある企業であることも事実である。

具体的なM&Aの進め方について説明しよう。まずは会社を売りたい相手の要望と相談を受ける。その際、自分1人では間違った判断を下す危険性があるので、必ずデューデリジェンスを行うことができる自社の人材を最低でも2名は送り込んで調査をする。

ちなみに「デューデリジェンス」とは、買収対象企業の経営環境や事業内容などを調査し、法務面の問題点・リスクや財務状況・収益力について企業分析を行うことを指す。正確な企業経営の実態や事業運営の手法を把握するために行う精密調査と言っていい。

その上でこの会社を支援して存続させる価値があるのか、そして利益のリターンが見込めるのかを検証する。その際に見るべきポイントは下記のとおりだ。

ポイント①：経営者・社長またはオーナーの人間性が誠実である

私がM&Aを行う場合、今いる経営者にそのまま経営を任せ、事業再建を目指すことがほとんどだ。そのため、買収を検討している会社の経営者や社長の人間性が腐っている場合、こちらがどんなに支援しても事業再生につながらない。

こういう時は、私は静かに手を引くことにしている。あるいは売り手に欲しかなく、売り逃げしたいオーナーがいる企業の場合も断るようにしている。

ポイント②：事業モデルが堅実である

事業モデルが堅実な会社は、買収するには適した案件だと言える。具体的な例を挙げれば、毎月安定した売上があること。そして、仮に赤字であっても売上総利益（利益率）がプラスである場合には、検討の余地がある。

逆に、夢を追うような事業モデルの場合、あるいは多額の投資が必要で、そのリターンも不確実性が高いケースは、私は一切断っている。

ポイント③：借り入れが少ない

当然、借り入れは少ないほうが買い手にとっては魅力的だ。特に、社会保険料や税金の滞納額が許容範囲かどうか、をチェックする。ちなみに、社会保険料や税金の滞納は、こういった倒産しかけの会社であれば当たり前なので私は気にしていない。

借り入れが多すぎる、あるいは社会保険料や税金の滞納額が大きすぎる場合、事業を再生したところで返済や滞納分の支払いに工面しなければならず、道半ばで資金がショートしてしまい倒産……という危険性もある。

その会社に資金を投下することで事業が再生できる可能性がどの程度あるのか、そして黒字に転換するまでの時間がどの程度かかるか？　といったことが判断基準となる。

私が会社を買収するか否かを判断する規準は、主にこの3点である。逆に、資金を投下しても事業再生が難しい、あるいはリターンが見込めないという場合には私も手を出さない。ビジネスである以上、当然の判断である。

ちなみに、企業の買収額はもちろんピンキリである。ただ、こうした事業再生を目的としたM&Aの場合、買収額が大きくても3億円程度、安ければ1円で会社を買収するというケースもある。

正直、1円ならば誰でも出せるとは思わないだろうか。世の中には1円で買収できて、しかも資金や人材を投下して、適切な経営判断をすれば事業を再生させることができる可能性を持った会社は腐るほどある。こういった会社を買収して再び利益を生み出せるようにして、社会に価値を提供できるようにする。これが、私が提案するソフトM&Aモデルの起業スタイルである。

究極を言えば「会社＝人」

私がM&Aに乗り出す際は、基本的に**「経営者を勇気づける」ことから始める。**PLやBSを見れば、会社の状況は概ね把握できる。さらに話を聞けば、内部の課題もほぼ見当がつく。そして、その会社が持っている「いいところ」も見えてくる。

だから、まず私は「会社の現状」や「抱えている課題」さらには「どうしたら改善できるのか」について、自分なりの分析を交えて説明する。

「ここをこうしたら、こうよくなる」

「こうすれば、こういう未来が見えてくるはず」

多くの場合、私の分析を聞くと経営者たちの表情は明るくなる。それはそうだ。明日にも会社を畳もうかと思っていたところに、一筋の光明が見えたのである。

もちろん、会社の悪いところ、直すべきところも指摘するが、基本的には経営者を励まし、勇気づけ、課題をどうクリアしていくべきかをともに考えるスタンスをとる。

私の場合、M&Aをした上で今いる経営者にそのまま事業運営を続けていってもらうことが多いため、こういうアプローチになる。

また、中小企業を買収して自分が経営者としてその会社に参画する際にも、考え方は同じだ。今いる社員や経営幹部を励まし、鼓舞し、勇気づける。そして「この会社は再生する」「きっと生き返る」と、その気にさせることが最も重要なのだ。

ただし、実際に買収した会社の経営が軌道に乗るまでは時間がかかる。早くても半年から一年はかかる、と考えておくべきだろう。それだけに、忍耐も必要になる。経営に参画してしばらくは、自分の思う通りに従業員が動かないことも多々あるだろう。「どうしてこんな非効率なことをしているのか」とイライラすることもあるはずだ。

それでも、外部から来た経営者が、それまで続けてきた会社のやり方を否定して、自分のやり方を押し通す……というのは悪手である。人は、あるいは会社はそんなにすぐに変わるものではないからだ。

長年、そういうやり方をしてきたということは、その背景には何らかの理由がある。

変えられない、変えたくない事情や理由があるのかもしれない。

ここで必要になるのが「コミュニケーション力」というわけだ。なぜ、そういう仕事の仕方をしているのか、非効率な仕事をする必要があるのか、などを従業員に聞いてみるといい。納得できる理由があればそれでいいし、そうでないのならば、思い切って変えることにも賛同が得られるだろう。

大切なことなので繰り返し書くが「会社＝人」である。そこで働く人たちをいかに元気にするか、いかに「その気」にさせるか。これこそが、ソフトＭ＆Ａモデルで起業を成功させるために最も大切なことである。

そのためには、もともと会社にいた従業員たちから「ありがとうございます」と言ってもらえる経営者になることが大切だ。この会社に来てくれて、買収してくれてありがとう。そう思ってもらえれば、あなたの起業はほぼ成功したと言える。

Ｍ＆Ａの市場に出てくるような会社で働いている従業員たちは、多かれ少なかれ疲弊しているし、やる気を失っていることが多い。そういうメンバーに対して、上から目線でガミガミ叱ったり、指導をしたところで反発を生むだけだ。

何より、あなた自身も経営者としては決して経験豊富ではないはずだ。特にその会社の事業に関しては、従業員たちのほうがよくわかっている可能性が高い。

それならば、何よりもまずは従業員たちとコミュニケーションをとり「その気」にさせること。自分たちの仕事は間違っていない、自分たちはまだまだ成長できる……と思わせることのほうが、事業再生への近道である。

おわりに

この本は、起業家、あるいは起業を志す人に向けて書いた本である。その割には「起業はやめておけ」だの「起業しても9割の会社は潰れる」だの、夢のない話をさんざん書いてきた。

しかし、本書をここまで読んでくださった方ならわかると思うが、経営者を目指す以上「最高のポジティブ思考」と「最高のマイナス思考」の両方を兼ね備えておくことが絶対に必要なのである。

起業、そして会社経営は決して甘いものではない。

「ラクして稼げる」とか「働かずに悠々自適な生活が送れる」などということは決してない。起業した会社の9割が潰れるということは、生き残る会社を作るためにはそれ相応の努力が欠かせないのである。

人一倍働く。それは「休みをとらない」という意味ではなく、家族との時間を過ごしたり、リフレッシュしたりしている時にも頭の中では常に仕事のことを考えているということだ。そのくらい仕事に没頭する時期がなければ、事業は立ち上がらない。それだけの覚悟が、起業家には必要だということである。

私の感覚では、少なくとも3年、人一倍働いて努力すれば、それ相応の結果はついてくるはずだ。

そして、日々の仕事の中で自分の「想い」をどれだけ込められるか。「お金がほしい」「いい生活をしたい」「社長になりたい」くらいの想いでは、人一倍働いて、孤独に耐え抜くことなどできないだろう。

本書でも繰り返し書いてきたことだが、経営者は「運」がよくなければ続けていけない。そして「運」の良し悪しを決めるのは、生まれつきではなく個々人のあり方や、努力の賜物だと私は信じている。

私たちが思っている以上に「神さま」は私たちのことをよく見ている。「お年玉」は、努力している人にしかもらえないものだと私は思う。

だから、私は日々努力している。その結果、人知を超えた「お年玉」のような出来事や、人との出会いが渡されるのだろうと思っている。

もちろん「神も仏も信じない」という人がいてもいい。だが、そう思うならばなおのこと、自分の力で何とかするしかない。結局、どちらにせよ会社経営を成り立たせていくためには「自分の努力」あるのみということなのだ。

仕事をしていると「いいこと」もあれば「悪いこと」もある。そして「いいこと」がいつ来るかは、誰にもわからない。先ほどの表現を借りるなら、神さまからの「お年玉」がいつ渡されるかは、こちらには皆目見当がつかないのである。

だからこそ、私は「一喜一憂しない」ことが大事だと思っている。

会社経営をしていれば、いいこともあれば悪いこともある。いいことばかりじゃない、とわかっていれば「そうか、ここで起こったか」と冷静に捉えることもできるだろう。

嫌なことがあった時は、酒でも飲んで寝るに限る（笑）。

寝てしまえば「明日」は来るし、明日は明日の風が吹く。明けない夜はないし、止まない雨はない。「命までとられることはないだろう」と思っていれば、多少の辛いことや嫌なことは乗り越えられるはずだ。経営者は、そのくらい精神的にタフでなければ務まらない。

それだけ辛い思いをして、私がなぜ経営者を続けているのか。それは、その辛さを上回る「喜び」と「想い」があるからだ。

最終章で紹介した「ソフトM&A」を例にとれば、明日にも倒産してしまいかねない会社のいいところを見つけ、経営者を励まし、勇気づけ、その気にさせて事業を立て直す。

そうすると、その会社に勤める社員たちがイキイキと働きだす。目が輝き始める。資金繰りが楽になり、会社の業績が上回っていく。その様子を見るのが、私にとっては喜びであり、神さまからの「お年玉」である。

この喜びは、はっきり言って「ゴルフでベストスコアを叩き出す」や「ハワイで一週間のんびり暮らす」や「銀座で豪遊する」だのという喜びや面白さとは、比べ物にならない。

自分が経営に参画することで、会社がよくなり、より社会に貢献できるようになり、そこで働く社員たちの幸せにもつながる。

こんなにいい仕事、楽しい仕事は他にないのではないか、と私は思っている。経営者は人一倍働かなくてはならないし、時に孤独でもある。

しかし、それ以上の喜びがあるのも事実である。

だからこそ、私はこの喜びを1人でも多くの人に味わってほしいと思い、本書を書くことにした。だが、美味しいところ、甘いところだけを見せるつもりはサラサラなかった。だからこそ、あえて「悪いこと言わないから、起業はやめておけ」と冒頭に書いたのである。

ここまで読み進めてくださったあなたなら、私がこの本で伝えたかったことを受け取ってくれているはずだ。

もちろん、自分がやりたい仕事、得意分野で独立・起業を目指すのもいい。あるいは、私が取り組んでいる「ソフトM&A」に興味があるならば、ぜひ199ページの連絡先まで連絡をしてほしい。

最後に、本書を読んでくださったあなたが、幸せな経営者として自分の人生の舵を握り、大海原へ漕ぎ出していけることを祈念している。

2024年11月

中村 真一郎

起業についてご質問承ります！

本書を最後までお読みいただき、ありがとうございました。

・起業について相談したいことがある

・ソフトＭ＆Ａに興味がある

など、起業にまつわるご相談ごとがあれば、下記にお気軽にご連絡いただけないでしょうか。

グローカンパニー（著者の会社）HP：

https://glow-company.co.jp

グローカンパニーお問い合わせ先：

https://glow-company.co.jp/contact/

読者特典

本書を最後までお読みいただいた皆様に、本書では載せられなかった原稿を読者特典としてご用意いたしました。本編以上にシビアな内容になっているかもしれません。著者が今考えていることや「危機感」を共有してもらい、起業のモチベーションにつなげてもらえればと思います。

【ダウンロードするにはまず下記の QR コードをお読み取りください】

https://furukawa-shobo.com/kigyo

中村真一郎（なかむら しんいちろう）

1968年生まれ 山梨県出身。高校卒業後東京へ上京し20歳の時に起業するが、1年半で離れる。4年間ドライバーや営業職を経験した後26歳で起業し、現在に至るまで30年以上社長業を経験。その間上場を目指し、100億円企業を育て上げるも、上場準備中に投資家と役員らによるクーデターにあい、やむなく退任。そこから現在はグループ会社12社及び、上場会社役員2社を兼務し、グループ企業100社を目標に経営コンサルタント業及びグループ会社経営をしている。

編集協力：あべのぶお

装丁デザイン：鈴木大輔／江﨑輝海（ソウルデザイン）

悪《わる》いこと言《い》わないから「起業《きぎょう》」はやめておけ

2024年11月25日　初版発行

著　者　中村真一郎

発行者　古川創一

発　行　合同会社古川書房
〒158-0097 東京都世田谷区用賀4-13-7-301　mail：info@furukawa-shobo.com

発　売　株式会社星雲社（共同出版社・流通責任出版社）
〒112-0005 東京都文京区水道1-3-30　TEL：03-3868-3275

印刷・製本　株式会社シナノパブリッシングプレス

ISBN 978-4-434-34783-2　C0034